续编

# 雪域求法记

གངས་ལྗོངས་པའི་ཆོས་ཞུ་གས་ཀྱི་གྲངས།

邢肃芝［洛桑珍珠］ 著
张志雯 整理

生活·讀書·新知 三联书店

Copyright © 2022 by SDX Joint Publishing Company.
All Rights Reserved.
本作品版权由生活·读书·新知三联书店所有。
未经许可，不得翻印。

图书在版编目（CIP）数据

雪域求法记：续编／邢肃芝著；张志雯整理．—北京：
生活·读书·新知三联书店，2022.6（2024.4 重印）
ISBN 978-7-108-07383-9

Ⅰ.①雪… Ⅱ.①邢… ②张… Ⅲ.①喇嘛宗-僧侣-回忆录-中国-现代
Ⅳ.① B949.92

中国版本图书馆 CIP 数据核字（2022）第 057703 号

| | |
|---|---|
| 责任编辑 | 唐明星 |
| 装帧设计 | 康　健 |
| 责任校对 | 张国荣 |
| 责任印制 | 卢　岳 |
| 出版发行 | 生活·讀書·新知 三联书店 |
| | （北京市东城区美术馆东街 22 号 100010） |
| 网　　址 | www.sdxjpc.com |
| 经　　销 | 新华书店 |
| 制　　作 | 北京金舵手世纪图文设计有限公司 |
| 印　　刷 | 北京隆昌伟业印刷有限公司 |
| 版　　次 | 2022 年 6 月北京第 1 版 |
| | 2024 年 4 月北京第 2 次印刷 |
| 开　　本 | 635 毫米 × 965 毫米　1/16　印张 18 |
| 字　　数 | 233 千字　图 129 幅 |
| 印　　数 | 6,001-8,000 册 |
| 定　　价 | 59.00 元 |

（印装查询：01064002715；邮购查询：01084010542）

1935年碧松法师，在赴重庆汉藏教理院时所摄

1935年于汉口,左起竹摩法师、六合塔方丈、止安法师、慧云法师、碧松法师

1942年邢肃芝（右）与夹扎活佛（中）及他的使者（左）摄于拉萨哲蚌寺

2010年，94岁邢老摄于洛杉矶家中

# 目 录

## 上编　雪域亲历记

略述旅藏蒙僧概况 …………… 3

西藏三大寺之由来及其组织 …………… 10

朝山日记，一九四四年 …………… 35

藏滇茶马古道纪行，一九四五年 …………… 76

热振活佛事件——拉萨日记摘录 …………… 130

尼泊尔游记，一九四八年 …………… 144

旧西藏的差徭制度 …………… 200

《菩提道次第略论》译者序 …………… 205

极乐佛国再相聚——追忆欧阳无畏学长 …………… 212

怀念柳升祺先生及国民政府驻藏办事处同事 …………… 219

## 下编　追　忆

碧落苍天一色　松风明月同怀
　　——忆念邢肃芝先生　张志雯 …………… 241

小引——为肃芝兄大作而录　张澄基 …………… 247

《康藏密教访求纪行》读后感言　王尧 …………… 250

《康藏密教访求纪行》序　李有义 …………… 253

《康藏密教访求纪行》读后　柳升祺 …………… 262

回忆邢先生在西藏的岁月　陈乃文 …………… 266

忆邢老　张健飞 …………… 271

我心中永远的恩师　天梅 …………… 281

编者说明 …………… 286

上编 雪域亲历记

# 略述旅藏蒙僧概况

[一九四二年写于拉萨]

## 蒙古僧侣来藏之史的追溯

窃按蒙古始与西藏文化交流，盖发生在宋末元初。当时西藏佛教正值接受印度末期佛法之影响，而印度末期佛法之特质系密教，并以中观及瑜伽派思想为理论，称为秘密大乘菩萨道。神秘的密教作为大乘佛教的一种，重在师徒之间秘密传授，及口诵真言咒语（语密）、手结契印（身密）、心作观想（意密）三密的特殊修持，在西藏引发流传及盛行，并竞相提倡龙树一派中观立密之学。其传播之广，几乎遍及藏、蒙之地，漫布于高原也。且在尔时，西藏佛法复因祖师传授之分歧，而有萨迦、宁玛、噶举诸派之树立。萨迦教创始于昆·贡却杰布，其子初祖贡噶宁波曾留学印度，博通梵典。至第四祖贡噶坚赞，更为元朝统一西藏做出重大贡献，且有撰立蒙文之劳绩，遂受帝师之封号。于是政教大权掌于萨迦教派手中，西藏史上第一个政教合一政权即始于此也。故史称西藏佛教虽然传播自印度，而发扬光大则得力于汉、满、蒙族。以汉人之势力而建立黄教，以满人之势力而确立达赖政权，以鞑靼之势力而扶植萨迦之政治地位。故汉、满、蒙、藏四族对藏传佛教之创建与传播，皆有不可分割的巨大贡献。

且元代之萨迦教，极相等于今日之黄教，一方面握有政治权力，一方面广建佛寺经院，招揽僧才。当时之萨迦寺即等于今日之三大寺，边疆学者群贤毕集。多有蒙古僧人来藏学习藏传佛教及西藏文化,并将之输入故国。至十六世纪,越来越多的蒙古人民开始信仰喇嘛教,佛教由此传入蒙古。然也因交通受限,蒙僧来藏者甚少,其中仅靠少许西藏僧侣帮助,故未致广泛,最盛时期尚在帕思巴大师东游京畿而后也。

厥后黄教勃兴,宗喀巴大师领导新教运动,此时蒙古佛教已大具规模,不过多为萨迦派系。迨至明世宗嘉靖年间,第三辈达赖索南嘉措,借弘传黄教而赴蒙古,于是蒙古遂始黄教之流行。唯以黄教初创,蒙僧积习未深,信仰亦未转移,故来藏求法者仍渺乎其微。迄光宗泰昌时,始有热察绥宁等省之蒙僧来藏,然仅五人已。色拉寺、甘丹寺各有一名,哲蚌寺有三名。此三位蒙僧先居于贺尔康,后因生活习性不同,乃另建经院于哲蚌寺,此即今日珠玑、妥果、措喀三蒙古经院之由来也。

后来第四辈达赖喇嘛云丹嘉措,于明万历十七年在蒙古转世,开创了活佛转世制度,黄教流行于外蒙,自此开始有大呼图克图。明末,察哈尔林丹汗组织了卷帙繁多的《甘珠尔经》的翻译,蒙古文字通过经文的翻译,吸收了大量的梵藏语词,获得了更完整的表现力,这是西藏文化对蒙古族文化的积极影响。

第四辈达赖入藏时,曾有许多外蒙僧侣伴随入西藏,乃自修外蒙僧院于哲蚌寺,定名为喀尔喀密村。而后内、外蒙古诸僧,即大举入藏游学,最盛时期之旅藏蒙僧达数千人,其间尤以逊清一代为最兴盛。故清朝皇帝治理蒙古之政策,皆以藏传佛教为核心。如乾隆皇帝曾说"兴黄教,即所以安众蒙古",可见藏传佛教为维系蒙古社会的秩序,起了重要作用也。

## 旅藏蒙僧之分布状况

最盛时期(逊清一代),蒙古僧侣来藏后分布地,多为三大寺及后藏扎什伦布寺，因其盟旗之区分，也定有一定之规矩。盖三大寺有一种共守之规则，即是甲康村之僧侣，无论何时何境皆不能移住于乙康村。例如西康巴塘来藏之僧侣，一定投住于帕拉，否则必起纠纷，此乃多年来之习惯。至于旅藏蒙僧，亦复如是。试就哲蚌寺以言之，哲蚌寺项东康村，共分三大内蒙经院，一曰珠玑，二曰妥果，三曰措喀。珠玑密村限住热察绥青等省之盟族。若属锡林、乌兰察布、伊克昭、乌鲁都苏及青海和硕等部之蒙僧，则必投住于珠玑密村。妥果密村原为新疆僧侣所设，凡属承化、妥果及邻近外蒙边境之蒙僧均住于此。至于措喀密村，其创始者系阿拉善及额济纳盟之同人，故后世该旗来藏者，皆住于措喀。

此外哲蚌寺并有一座外蒙僧院，即前文所提喀尔喀密村，径属于果芒扎仓桑罗康村，内中所居之蒙僧有库伦籍、伯腊图籍、乌果海及科布多籍等，外蒙僧王哲尊丹巴来藏学经，亦居于此。故喀尔喀密村在蒙藏关系史上，颇占有重要之一页也。

其次，旅居于色拉寺之蒙僧，则包括辽宁、吉林、黑龙江三省之盟旗，凡来自兴安岭、呼伦贝尔、满洲里、齐齐哈尔、安东等地蒙僧，均居于此。故在色拉之项东康村中，欲寻一热察等处之蒙僧，实属难得之至。至于甘丹寺之蒙僧，仅包括伊克昭盟一部，从来人数极微，以该寺地势偏僻、交通阻滞、生活物资极缺乏之故也。后藏扎什伦布寺之蒙僧，籍贯则较复杂，凡系各处蒙僧不论盟旗均可入住，而愿往者甚少，除非迫于生活或因某种关系而不能挂锡于三大寺，方往后藏也。此将各盟旗蒙僧在各寺院分布状况简列于如下：

**外蒙古：**

伯腊图——哲蚌寺喀尔喀密村，

库伦——哲蚌寺喀尔喀密村，

乌果海——哲蚌寺喀尔喀密村，

科布多——哲蚌寺喀尔喀密村。

**内蒙古：**

锡林郭勒——哲蚌寺珠玑密村，

乌兰察布——哲蚌寺珠玑密村，

乌鲁都苏——哲蚌寺珠玑密村，

伊克昭——哲蚌寺珠玑密村、甘丹寺，

乌达——哲蚌寺珠玑密村，

和硕部、卓索图——哲蚌寺珠玑密村。

**新疆蒙古：**

承化——哲蚌寺妥果密村，

妥果——哲蚌寺妥果密村。

**宁夏蒙古：**

阿拉善——哲蚌寺措喀密村，

额济纳——哲蚌寺措喀密村。

**东北蒙古：**

呼伦贝尔——色拉寺，

满洲里——色拉寺，

兴安岭——色拉寺，

齐齐哈尔——色拉寺，

安 东——色拉寺。

其他各地各旗蒙古——扎什伦布寺。

观当年最盛时期，旅藏蒙僧分布于四大寺概况，论省份遍及满、蒙，论盟旗包括乌兰察布等十数单位。据往昔之统计，旅藏蒙僧平均每年有两千余人。其中仅哲蚌寺即有一千余人，珠玑密村一院即有六百余人，而色拉、甘丹、扎什伦布三寺合计也有千余人，是故蒙僧在西藏寺院中占有一股不小的势力也。

如今在作者撰文时，四大寺旅藏蒙僧全数不足五百人。计哲蚌寺珠玑密村有一百四十六人，妥果密村有八十余人，措喀密村有七十余人。外蒙僧院喀尔喀密村有三十余人。色拉寺项东康村有六十余人，甘丹寺有三人，扎什伦布寺有二十余人。共计四百余人，较之最盛期故不足四分之一。此为现今旅藏之蒙僧，各旗人数统计如下：

外蒙古：

伯腊图二十四人、库伦三人、乌果海二人、科布多五人。

内蒙古：

蒙公旗三十余人、哈青旗十九人、苏鲁黄十四人、脱埋旗八人、库雉旗六人、伍金青二十五人、奈鸣旗三十八人、阿根旗十四人、夹罗多旗四人、嗡纳旗五人、阿和青六人、阿罗达旗四人、曲哈尔哈五人、丹格哈尔三人、阿布旗四人、夺拜旗六人、乌鲁都苏旗十八人、安东十六人、兴安岭二十七人、妥果五十三人、满洲里十二人、呼伦贝尔二十一人、齐齐哈尔十人、承化寺三十一人、和硕部四十七人。

## 旅藏蒙僧之生活与学经

东北之蒙族人已较为汉化，其他如内蒙和硕部，则尚保留其游牧民族之生活形态。然而无论他们汉化或原始、贫穷或富有，蒙僧来藏之第一目的，首重于学习密宗的经典。蒙僧在入藏的旅途中，每天骑在马背上念诵经文，途经数月时间，行至西藏，整部经典也往往背得滚瓜烂熟了。富裕的蒙僧，在扎仓或康村熬茶布施，捐放群哉，雇仆佣保，好让自己全部时间与精力投入学经。而贫穷学僧，无钱布施，则需担任寺内一些繁劳的杂役，占去许多学经时间。故旅藏蒙僧均刻苦学习，成绩斐然，在西藏僧院颇传盛名也。然在三大寺为第一等的，纵属拉然巴格西。

因生活环境之故，大多蒙僧不擅藏语，仅在生活中与藏人打交道时，讲些初浅藏语。至于辩论经典，则纯以蒙语相解，此在哲蚌寺蒙僧中多为常见。盖哲蚌寺果芒扎仓蒙僧最多，其数约占全扎仓之半，而且全为"拜恰娃"（学经僧侣之通称），他们在西藏僧群中，无形中而成一团体也。至于色拉寺、甘丹寺之蒙僧，则因扎仓严格约法，在讲经或辩论经典时必须运用藏语，否则当失去参加全寺院范围辩经之机会，故他们的藏语进步较大。

通常边疆人民之生活一向较为艰苦，旅藏蒙僧亦如是。自日寇侵占东北三省，战火遍燃，国破家亡，满蒙地区亦遭受战争烽火殃及，普通蒙僧的生活大多艰难。观今日旅藏蒙僧生活，实已降低百分之五十。以往，蒙僧大多衣着鲜明，服装整齐，每晨三大寺大殿上布施之满清万年茶，极少有人问津。今日则成群结队地争饮，借助身体所需能量也。

若综合各大寺蒙僧生活境况，以色拉寺之蒙僧为较佳，盖色拉寺蒙僧六十余人，大多系数年前返回故里，最近又重来西藏，故多有家庭背景及经济来源。第二为哲蚌寺，其中以额纳济、阿拉善旗为富，因其皇族之亲属也，热察次之。第三为甘丹寺，该寺僧众均有每月青果一斗之津贴。第四为扎什伦布寺，该寺因为直属班禅，朝佛布施前后藏者甚多，亦勉强足够维持其生活也。

## 驰名三大寺的蒙僧

在旅藏蒙僧之中亦有不少杰出人士，或擅长藏文，或精于俄语，或通达经典。亦有因地位之关系襄为俄皇之舌人而传递政见，履行帝俄之使命者也。十三辈达赖喇嘛即为有名之蒙僧，今日之旅藏蒙僧中颇为有名望的，略介绍如下：

甲绒本赤达：内蒙钦夏册封之四大本赤达之一。一九三〇年七月由北平来藏,行至江孜,藏政府特派代表迎接之。现住锡于色拉寺杰扎仓项东康村。为色拉寺第一等措钦群则,地位相等于藏王(摄政王)。

贡噶甲布:东北奉天人,二十岁入藏,迄今业已四十余年,住色拉寺杰扎仓。历任下举巴堪布与堪书,擅长显密经典及藏文文法。西藏世家子弟从学者甚众,索康、詹东、江鲁坚皆出其门下。

苏鲁大喇嘛:为帝鲁瓦之强左。一九二七年携蒙僧昆巧等由北京来藏,参与重建喀尔喀密村及主持礼请外蒙哲尊丹巴呼图克图来藏等事宜。现住锡于哲蚌寺喀尔喀密村。

赖登格西:外蒙伯腊图人,学识渊博,精通俄国语文,尤擅长经典。在哲蚌寺颇具盛名,从学者甚众,也是教授我《俱舍论》之老师。

养铎:库伦人,精通藏、俄文,学识渊博,旅藏迄今已十数年,现住于哲蚌寺措喀密村。

曲祖:东北满洲里人,经典极佳,尤精因明学。西藏许多世家僧侣及官吏爱习经文者,均拜其座下学习。贺尔康萨电报局长等人,皆出其门下。

总之,西藏三大寺有很多蒙僧获得了格西、堪布、僧官之傲人成绩。我的因明学上师喜瓦拉格西,《现观庄严论》上师衮曲丹增格西,还有《俱舍论》上师赖登格西等,均是蒙古僧。他们数十年深入经藏,显密精通,培养和带领了一代代后学,功德无量。如今哲蚌寺内蒙经院已不似当年纯蒙人经院,蒙、藏僧侣已融合不分。在我西藏学经的生涯里,结识过诸多蒙僧,亦与他们结下甚深友情。自元朝至今数百年,一代代的蒙僧来西藏求学取经,传播文化,他们对弘扬藏传佛教、发展蒙藏文化所起的积极作用,是极具影响,并有深远意义的。

# 西藏三大寺之由来及其组织

[一九四三年写于拉萨]

公元一六四一年,第五世达赖喇嘛在清廷及蒙古固始汗势力支持下,结束了西藏教派纷争的局面。在复加推广黄教教义的同时,推行了一系列改革,如选拔僧官、罢免庸劣、整顿戒律、授予堪布参政、废除喇嘛娶妻等旧俗,从此西藏之政教局面焕然一新。三大寺是黄教最具代表性的寺院,也是西藏传统文化的宝贵遗产。十七世纪中期,五世达赖罗桑嘉措在哲蚌寺建立甘丹颇章政权,从此一个政教合一之政权,在西藏延续了三百年,对西藏近代历史产生着重大影响。三大寺喇嘛来自西藏、青海、内外蒙古、西康、边疆各地,不下七八个省,涵盖广大,地域辽阔,僧侣众多。追溯三大寺之由来及寺院组织,对了解西藏近代的宗教、文化、政治、历史及政教合一这一特殊的体制,具有一定的意义。

## 甘丹寺

**甘丹寺之由来及初期修建**

欲述甘丹寺之由来,必先从拉萨大昭寺默朗钦波(默朗是发愿的意思,钦波是大的意思)传召大法会开始。自松赞干布、尼泊尔公主修建了大昭寺,迄后数百年尚无默朗钦波之启建,因此有历史价值之大昭寺周围，曾经一度尘土密封，乞丐麇集，非常影响人们前来瞻礼。如是延至黄教领袖宗喀巴大师五十寿诞之际，便向其弟子及拉萨富商提议，在大昭寺创办默朗钦波传召祈愿大法会，每年于藏历正月初三始，集拉萨所有喇嘛在大昭寺前，诵经说法二十一天，将法会与庆贺新年结合起来，以表达千万僧俗民众对未来美好的祈愿和向往。经两年余之筹建，大昭寺的殿堂、佛像、壁画、幡幢等修饰一新，在大师五十三岁之际，得以各期告成。

公元一四〇九年正月，宗喀巴大师在大昭寺正式举办了讲论佛经、发愿祈祷的大法会，从各地前来参加法会之僧俗达一万余人。大昭寺热闹非凡，成千上万之信徒从卫藏、青康、满蒙各地，前来朝佛祈愿。斯时参与盛会者，男女甚众，无不示以黄教信徒，奔集应斯盛会。无数信众或商贾各荷负资，争相布施，数万僧侣在法会上获益供养，且有少数富商争献基址，以奉三宝，默朗钦波变成拉萨最盛大的节日。在众多信徒拥护下，宗喀巴大师发心修建黄教之伽蓝，乃斋戒沐浴，以宗教仪式祈祷于大昭寺悉达多太子佛像前，不久即获梦中示曰"建造伽蓝，唯着日山最为吉祥"。当时西藏佛教权威南喀嘉参大师，亦对宗喀巴大师如是曰："旺波日山边，尊摩山正向，有山名着日，文殊所开创，能聚无量僧，举凡康藏卫、安日等地人，今来积资粮。"宗喀巴大师聆闻偈已，决定就在旺波日山边着日山开创伽蓝。

是时，大昭寺默朗钦波法会适已，大师乃率弟子，赴着日山勘察地势。见其山崖嵯峨，风水极佳，诸多自生佛像、自生天字等圣迹呈现，实具有种种不可思议之圆满相。唯汲水艰难，大师乃施展神通，以指入地，随即泉出如涌。于是大师拨土奠基，锄方入地，忽获一白色右旋螺贝及法王假面二物，此乃往昔佛陀在世时，命神通第一之弟子目犍连埋于此山之伏藏品。宗师获此奇珍，喜不释手，细视之白螺贝上，竟绘有甘丹寺建筑之图也。大师乃据此图，详考基址，命其弟子达玛仁钦、扎巴吉参等人，依螺贝之图，择日兴工，修建殿宇。

甘丹寺乃黄教的第一座寺院，亦称为格鲁派祖寺，在宗喀巴大师亲自主持下创建成立。从此宗喀巴大师长居此寺，转大法轮，甘丹寺成为格鲁派发祥地，开启了格鲁派的宗教革新全盛期，格鲁派由此发展为藏传佛教最大的教派。宗喀巴大师在临涅槃时，将自己衣帽传授与他的大弟子贾曹杰，嘱咐他"当了之此义，善修菩提心"。于是，贾曹杰继承了格鲁派的法座，称为赤巴，即首席之意，甘丹赤巴的传承便由此产生了。

在建甘丹寺时，宗喀巴大师乃名其寺曰"甘丹棍巴"，"甘丹"两字，藏语之意为"兜率天"，依汉文译之乃为具喜之意。盖佛教教义有所三界之说，三界之名欲界、色界、无色界。欲界之中凡具六天，第四即兜率天。兜率天后院乃弥勒菩萨所居净土，恒说经教，以利人天，凡生于此者，则无忧无恼，清净大乐，自在无为。且弥勒菩萨将于未来世降生娑婆，成为教主，举凡释迦会上曾习一句佛法者，于未来弥勒佛降生时，皆可得度而成佛。故而兜率内院是不少修行者向往之地，宗喀巴大师赐寺名为甘丹，既为宣说弥勒菩萨的学说与功德，又含有圆寂后上升兜率院之意也。

甘丹寺修建之始于公元一四〇九年，适宗喀巴大师五十三岁。历经七载，计修殿宇三十余幢，共约一千余间。工程浩大，殿宇巍峨，故能耸峙千古，傲称彼时欧亚最大之寺院矣。现将甘丹寺初建之殿宇落成时期及名目略述于下。

第一期工程落成于大明永乐七年，公元一四〇九年，宗喀巴大师五十三岁，岁次己丑之年。落成之殿宇有章康（净殿）、朵康（大殿）、省康（禅寮）、玑波（茅舍）等。其中措钦大殿宽四十三米，深四十四米，有大柱一百零八根，可容纳三千多名喇嘛同时诵经。

第二期工程落成于大明永乐八年，公元一四一〇年，宗喀巴大师五十四岁，岁次庚寅之年。落成之殿宇有省康（僧寮）、卡青（大寮）、绒康（厨房）及甘丹寺院墙一围。

第三期工程落成于大明永乐九年至十一年，公元一四一一至一四一三年，宗喀巴大师五十五至五十七岁。落成之殿宇有波也离殿、曲窘殿、修供殿、离玛殿、萨玛殿、喇嘛殿、善逝殿、上喇嘛殿等。

第四期工程落成于大明永乐十二年，公元一四一四年，宗喀巴大师五十八岁，岁次甲午之年。落成之殿有强巴殿、省康、朵康内殿、五供殿、绛哉殿、巴拉殿，共六殿。

第五期工程落成于大明永乐十三年，公元一四一五年，宗喀巴大师五十九岁，岁次乙未年。落成之殿宇有夏孜扎仓、绛孜扎仓、雅隆扎仓。

以上所述，仅为甘丹寺之轮廓，实则甘丹寺全部殿宇远不止于此。因甘丹寺之修建长达数年，非仅限于宗喀巴大师住世之际修建，在大师羽化后，仍然兴建不间也。如三大扎仓所属二十余个康村，乃视后世入寺喇嘛不同的籍贯而兴建。又如现存于甘丹寺内外之一百余座灵塔，此乃历代甘丹赤巴之灵塔。若欲了解历代甘丹赤巴之人物事迹，此塔则是最佳参考。其中为首最庄严者，厥为宗喀巴祖师之灵塔。

宗喀巴大师圆寂后第二年，即一四二〇年，其弟子达玛仁钦修建了宗喀巴灵塔祀殿，即"色懂康"。耗九百两白银在殿内建银塔一座，保存大师的肉身遗骸。灵塔初为银皮包裹，后增黄金裹外，饰以各种珍宝。顶棚饰以旃檀，并供奉着明仁宗御赐诸多珍物，富有巡礼之价值。灵塔之右侧供着达赖前身贾曹杰之塔，左侧供着班禅前身克主杰之塔，十分庄严华丽，此乃藏汉满蒙人民瞻礼甘丹寺之中心圣地也。若巡礼此灵塔既毕，则甘丹全寺精神亦皆历尽而无余矣。

**甘丹寺组织机构及人事**

甘丹寺最高管理机构称为拉基（喇吉），拉基总领称为堪布赤巴，掌管全寺一切政教最高权力。拉基设有会计、庶务二组，会计组管理全寺之动产与不动产业，名曰强左。庶务组管理全寺一切杂事，如建筑、经商等，名曰业巴。拉基下属有措钦、扎仓、康村，比康村更小的称米村（米参），为全寺最基本组织。

措钦大殿乃全寺喇嘛集会地，措钦管理机构分纠察、法事等组。纠察组负责监管全寺喇嘛之巨细行为，执行寺院规定的戒律规则，亦负责寺院对外作战等职责。法事组总领全寺的法事、诵经事宜等。

扎仓是寺院中由堪布为主管的行政领域。甘丹寺设有绛孜扎仓、夏孜扎仓、雅隆扎仓，共三大扎仓。初起时期，绛孜扎仓下属有十三个康村，依据喇嘛籍贯相同者而组成，此十三个康村为绛孜康村、安东康村、桑洛康村、孜格查瓦康村、色康康村、朵康村、洛彭康村、扎尼康村、巴底康村、甲绒康村、果播康村、工布康村、安日康村。夏孜扎仓亦设有十三个康村：朵康康村、颇康康村、洛巴康村、鸟来康村、举奈康村、台布康村、度曲康村、所波康村、达英康村、安日康村、却巴康村、娘播康村、工洛康村。而雅隆扎仓，因范围太小，故未分康村。

由上所述，拉基及三大扎仓是甘丹寺的重要组织机构。

甘丹寺的人事与寺院组织机构互为相应。拉基之人选，皆由措钦及各扎仓之卸任大堪布、元老组成。如六年一任之堪布满期后，即进入拉基。又一年一换之措钦铁棒喇嘛，于其任职圆满，亦进入拉基。而在此等众多元老之中，由大家推选一位德高望重、学识渊博的高僧为堪布赤巴，亦称总堪布，总理全寺之内政与外交，其宝座设在寺院大经堂之内。寺院因有健全的组织机构及严厉的管理制度，故而总堪布之职权也不过虚名，主要在大经堂举行之重大法会上，显示其至上的宗教权力。总堪布之下，设管理全寺之财产者有三至四人，名曰拉基强左。拉基强左在藏政府之地位，约相等于四五品之官吏，此职务之任免，悉由藏王定夺。拉基强左之下又有管理杂务者五至六人，名曰拉基业巴，此职位微小，不过是拉基强左之助手而已。三大寺中，不仅寺院拥有总的产业，每个扎仓、康村也独立拥有一份产业，这些产业主要来自庄田收入，相当于由达赖赐给寺庙的俸禄。

措钦分设纠察、法事等组。纠察组之人事即为铁棒喇嘛，有正、副铁棒各一人，助理铁棒二人，负责全寺纠察，执行寺院各项规定、戒律，属执法僧官。措钦铁棒之下又有"格规"数人，即专司守卫及处罚鞭挞等职责。铁棒之权威在喇嘛寺里算是不小，寺中僧众皆为畏惮。铁棒之名在藏人称为"吸噩"，吸噩此职当达赖喇嘛在世时，则由其亲自任免，若达赖去世或未转世时，则由西藏摄政王放任。放任期间，欲当铁棒喇嘛者，多以大量金钱在藏王前活动，冀获中选，一旦当选为铁棒，则名利皆会双收。而法事组之领头称为"翁则"，即领经师，以梵文译之则称"维那"，其负责大经堂为主的诵经及法会。欲任此职，倒并不十分难，需要声音洪亮，熟悉经文即可被选上。

关于扎仓之人事，各扎仓设有堪布一名为总管，能担任堪布一职的僧官，必是获得格西学位，且为扎仓内最有学问而德高望重者。堪布之下设有正、副两名"格古"，负责扎仓范围的纠察及各事务。此外亦设有翁则、强左、业巴，各一人或二人，其职责与措钦的相同，只是地位要低于措钦，因其权力仅限于扎仓内。如翁则负责扎仓经堂内的诵经及法事，强左负责扎仓的财务管理，业巴负责扎仓的其他杂务。此等格古在任职满期后，即可进入扎仓之"冲堆"（扎仓管理委员会），享受元老之待遇，成为扎仓之"冲堆瓦"（管理委员会元老）。

关于康村之人事，甘丹寺拥有二十六院康村，每个康村有一名总管，称为"该根"，总揽康村大权。该根之下有一名候补该根，名曰"巴夏"，协助管理康村。若已当过该根者，仍居于康村中，康村奉之为元老，名曰"冲堆瓦"（康村管理委员会元老），举凡康村召开会议，皆须请这些元老临席。在该根、巴夏二者之下，亦设有强左、业巴，分别管理康村之财务及买卖。

上述以外,三大寺各寺院还有一支特殊武僧队伍,藏人称呼曰"朵朵"。这些武僧来自各方,勇敢善战,不惧生死。平时不习经文,每日仅习武艺,如摔跤、搏斗、射箭、翻跳、抛石头等,负责保护寺院或抗衡政府,有时也与政府合作而参与一些战斗。其头领称"哉巴",地位在扎仓纠察格古之下,人员分散在各扎仓及康村中。"朵朵"直接受堪布或格古之指挥,是不可小觑之一支武力,三大寺共有武僧一万余人,藏政府亦甚为畏惮。

## 哲蚌寺

**哲蚌寺之由来及初期修建**

自宗喀巴大师成功地在大昭寺创办了默朗钦波大法会,同年又亲自参与修建第一座黄教祖寺甘丹寺,获得全藏僧俗民众拥奉,信徒日益剧增。至甘丹寺始建第七年,宗喀巴大师年已六十,乃召其大弟子绛央却杰·扎西班丹曰:吾年已耄,恐将长辞尔等而西游矣,然在此一息尚存之际,必欲偿吾之夙愿,吾之夙愿即为眼见三大寺之落成也。今甘丹寺经吾之数岁努力,已大具规模,而今更欲修建一寺,以弘正法。深望汝能肩此重任,以偿吾愿,则不负数十年师徒之情矣。语罢,乃将建甘丹寺时,掘得之白右旋螺贝交予绛央,并嘱拉萨巨商南喀桑布协助其事。于是绛央却杰决定不负师之所托,即刻着手兴建哲蚌寺也。

绛央却杰大师,本名扎西班丹,出生于后藏,乌思藏桑耶人,父名格林巴。传说当其住胎之时,母梦白文殊摇铃加持,故自幼聪慧异常。父母信崇佛教,待其稍长,即将之送往泽当寺出家。后从桑普寺滚曲松格大师学因明。继则至觉母寺,从噶西瓦堪布习戒律。后则至甘丹寺,从宗喀巴大师听闻显密诸佛法。举凡宗喀巴之著作悉能背诵无余,故宗喀巴大师深器重之，特授以修建哲蚌寺之大任，绛央却杰亦毅然接受不辞，盖自料其绝能完成此使命也。但建寺之基址，何处最善，屡不能决，乃以虔诚之仪式，祈祷护法。一日绛央大师忽梦一神，名囊代格波，赐示曰：拉萨之西二十里地，根培乌孜山修建寺庙，最为吉祥。说完起立，将面具掷地，漂浮水上，即形成今日哲蚌寺汲水处也。绛央大师梦醒已，次日乘骑前往基址，乃召集信徒僧众，拨土兴工，伟大的哲蚌寺便开始建立了起来。

哲蚌寺已开始兴建，宗喀巴大师乃题该寺之名曰"哲蚌棍巴"，哲者果也，蚌者众也。盖佛教有五道三果之说，此中所谓五道，一为资粮道，即在人趣之际，积集福德、智慧两种资粮为成佛之资本；二为加行道，即在积集资粮之后，以定、观、唯识、见等方法，消除烦恼；三为见道，即以定、观等慧眼，实见真如法性；四为修道，即见真如以后，更复努力，断除微细烦恼；五为无学道，即到达佛陀地位，烦恼已尽，更无有学也。如是五道，皆为成佛之正道。然修道之人有三类，一类人，认为成佛甚难，只求保持此生快乐幸福足矣；另有一类人，为欲出离娑婆世界，只求自我之寂灭安乐；更有一类人，为悲悯六道轮回中一切有情，而发菩提心，拯救众生。如是三者之差别，故有三果之殊异，前者为人天小果，中者为自利二乘果，后者为大乘佛果。哲蚌寺之得名，即为弘扬大乘佛果，含有如是之深意也。

绛央却杰奉宗喀巴大师之托，即往哲蚌寺基址筹备兴工。初时基址尚属荒山一座，乃借居于山之东侧吉定商札小楼上，并为众弟子朝夕说法，以获佛力加持。不久，信士南喀桑布将其全部家产变卖，奉助建寺资金。于是哲蚌寺正式开建于大明永乐十四年，即公元一四一六年，适绛央却杰大师三十八岁时。因恐自力不足，并请宗喀巴大弟子数人协助，如罗祖仁青、释迦杰参、白罗瓦、达赖热巧、喜饶仁青等，皆到场担任修建之要职。此将哲蚌寺初建之殿宇略述于下。

第一期落成于永乐十四年，公元一四一六年，岁次丙申，宗喀巴祖师六十岁。落成之殿宇有大殿、净殿、毘耶离殿、文殊殿、兴圣殿、寝室及大寮等。

第二期落成于永乐十五年，公元一四一七年，岁次丁酉，宗喀巴祖师六十一岁。落成殿宇有强巴拉康、沃东拉康、聪巴拉康、觉拉康、乃举拉康、甘举拉康、格桑拉康等。

第三期落成于永乐十六年，公元一四一八年，岁次戊戌，宗喀巴祖师六十二岁。落成殿宇有罗萨林扎仓、果芒扎仓、德阳扎仓、笑格扎仓、夏巴扎仓、朵瓦扎仓、阿巴扎仓，此七大扎仓。

第四期落成于永乐十七年，公元一四一九年，岁次己亥，宗喀巴祖师六十三岁。落成殿宇有各扎仓之大殿，各康村之集会殿。

观上所述，在短短四年之中，一座西藏史上最庞大之寺院已落成。佛殿经堂、扎仓僧舍，皆依山而逐级修建。群楼层叠，殿宇相连，并装饰以金顶、法轮、宝幢、八宝等，尽显佛教圣地之庄严及西藏建筑之宏伟壮观。且修建如此神速，令世人惊叹。仅此七大扎仓所拥有康村，共五十余座院，更非短期内所能建成。若是要巡礼一遍全部哲蚌寺殿宇，须以一周时间方能朝礼完毕，恐世界任何寺院，亦无法望其项背矣。而这白右旋螺贝一直被供奉在弥勒阁之香案前，作为镇寺之宝，供世人瞻仰和礼敬。

至公元一五三〇年，第二世达赖喇嘛根敦嘉措在哲蚌寺兴建了甘丹颇章（达赖寝宫），以后从第二世达赖至第五世达赖均在此坐床。一六四二年，五世达赖喇嘛在哲蚌寺建立了甘丹颇章政权，从此宗教开始正式参与政治，亦即西藏噶厦政府之前身。后来达赖喇嘛将政府迁往布达拉宫，但因这一历史渊源，哲蚌寺在政治上便享有高于其他寺院之地位及权力。

**哲蚌寺组织机构及人事**

哲蚌寺之拉基、措钦等机构，大体与甘丹寺相同，在此不再重复。

强调不同之处，在于哲蚌寺为三大寺中规模最大、地位最高之寺，故世人提起三大寺，总把哲蚌寺列为首位。且其措钦铁棒喇嘛之权力范围，不仅限于三大寺，甚至藏政府噶布伦、市井平民等，亦可管辖之。特别在传大昭期间，噶厦市政府不办公，拉萨市内所有纠察、巡防工作，就交予哲蚌寺的铁棒喇嘛执行。在接管拉萨市的一个月内，他们可以聚敛大量财富，因为法会期间，不论是商家、住户或公共机构均须缴纳一定数目的规费，从藏银七两五至五万两不等。像国民政府驻藏办事处这样的机构，也要缴纳五万两藏银，至于一般市民对铁棒喇嘛更是畏之如虎，因为他们有权任意处罚，平民无处申诉。

哲蚌寺在初期有七大扎仓。它们是罗萨林扎仓、笑格扎仓、果芒扎仓、德阳扎仓、夏巴扎仓、朵瓦扎仓、阿巴扎仓。以后随时代变迁，七大扎仓合并为四大扎仓：罗萨林扎仓、果芒扎仓、德阳扎仓、阿巴扎仓。其中阿巴扎仓为密宗扎仓，其余为以修习显教经典为主的扎仓。

罗萨林为哲蚌寺最大之扎仓，设有二十六个康村。它们为工布康村、颇康康村、播瓦康村、则俄康村、工果康村、木雅康村、登玛康村、林巴康村、糌粑康村、播朵康村、日俄夏康村、日俄罗康村、果俄康村、略来康村、罗巴康村、安日拜妥康村、嘉坝康村、娘播康村、扎拉瓦康村、定克康村、川康康村、聂塘康村、安日康村、古杰康村、汉人康村、扎康村。扎康村之下复分米村四院，其名待考。

其次是果芒扎仓，设有十六个康村，分别为安东康村、桑乐康村、罗崩康村、家扎康村、扎尼康村、永巴康村、冲举康村、特悟康村、卡巴康村、达仁康村、安日康村、日扎康村、曲郎康村、工日康村、巴地康村、噶新康村。其中安东康村范围最大，下设米村九院，有珠玑米村、章布米村等。

关于德阳扎仓及阿巴扎仓，因人数少，未设康村及米村。

哲蚌寺之人事安排，有两点与甘丹寺、色拉寺稍异。其一，因哲蚌寺措钦铁棒之职权大，故其铁棒地位高，人数亦稍多。另外哲蚌寺措钦翁则，亦为三大寺翁则之首，此乃第五世达赖在世时所特许也。其二，哲蚌寺共设四大扎仓，其中罗萨林及果芒扎仓各设有两位堪布：一位正、一位副。正堪布权力大于副堪布，统理内政、外交及参政，如出席藏政府政治及军事会议等。副堪布则处理扎仓内学术讨论等事，或亦代表正堪布出席各类会议。此为哲蚌寺异于其他两大寺之处，故哲蚌寺共有堪布六人，甘丹寺有堪布三人，色拉寺亦有堪布三人。

西藏有众多名僧，大都出于哲蚌寺。因第二、三、四、五世达赖喇嘛均居住于哲蚌寺，故此寺被认为历代达赖之母寺，最盛时期拥有僧侣七千至一万以上。

## 色拉寺

**色拉寺之由来及初期修建**

当宗喀巴祖师五十二岁之际，大明成祖皇帝慕其德学，为安抚边陲，稳定蒙藏，特遣专使入藏迎聘，并馈赠礼物甚丰。然宗喀巴大师唯恐赴汉地后，藏中教法无人主持，乃作表婉辞谢绝。其词曰："钦使安抵拉萨，得奉明旨，此间臣庶莫不欢欣鼓舞，视为三宝威力，将共圣旨宏播中原矣。所颁赏赉红花云锦一匹，拜领之余无任感戴。陛下宸衷，召臣晋京，其敬崇三宝旨意明甚，唯臣近罹凶疾，敢违天威，甘冒陛下伏乞准臣所请，则天恩浩大，诚无可比量矣！"于是大师重款钦使，即奉表贡亲自交割，善遣钦使之去，复命弟子释迦益西（绛钦却杰，后被明帝封为大慈法王）代替应召，入朝谢恩。

释迦益西，前藏拉萨附近人，生而能言前世事迹，且现种种瑞异等象。待稍年长，即依宗喀巴大师而出家。始则读诵文字，继则听闻佛法，对宗喀巴大师特别崇敬信仰，常作如是念曰：宗喀巴者佛陀也，余不过一仆区而已。于是对大师一切教言，皆奉为表率，且自励精进不懈，努力专研经论及密乘修持。未经数年，著书等身，不少弟子奉其为师表。故当明帝聘请宗喀巴之际，大师即派释迦益西诣阙谢恩。释迦益西抵达中原，乃出宗喀巴之表章，觐见明帝，自即显现神通，行施教化。明朝王臣咸皆仰服，赞为稀有。于是拨五召寺址予之住持。释迦益西于使命完毕之后，即辞别明帝，归旋藏土，见师复命，并携回御赐匾额一方及诸多金银礼物。宗喀巴大师见其才智双全，德学并优，可堪当大任，乃委命其在拉萨北郊的乌孜山南麓修建大寺，名曰色拉。

色拉寺建立，宗喀巴大师乃题寺名"色拉棍巴"。取是名者，盖因其时印度有外道之侵，偷习佛教教义，自建学说，辩论诡谲，且屡与佛教徒抗论庭堂，若佛教徒败则毁寺逐僧，若外道败则弃尸市街，此在印度数见不鲜。西藏既承受印度全盘佛教文化，亦为外道有机可乘，故宗喀巴大师为扫除外道，光大正教，因取是名，以为抗衡。夫色拉者即冰雹也，一切外道若遇正教，则如遭冰雹般猛烈之打击，瞬间必被摧毁无余，色拉之名则由此意而设也。

色拉寺开始修建之际，时适大明永乐十七年，岁次己亥，公元一四一九年，其时宗喀巴大师年已六十三岁。建寺后不久，宗喀巴大师示寂羽化，而他亲自主持修建的甘丹寺及哲蚌寺已圆满竣工。此时释迦益西从中原返藏不久，便尽使明帝所赐金银财宝，纠工集匠，兴建色拉。未逾二年，色拉寺重要殿宇已落成，其殿宇名称及落成时间略述如下。

第一期落成于大明永乐十七年，岁次己亥，公元一四一九年。落成之殿宇有大殿、依怙殿、净殿、本尊殿、弥勒殿、大寮、麦扎仓、阿巴扎仓。

第二期落成于大明永乐十八年，岁次庚子，公元一四二〇年。落成之殿宇有囊左拉康、甘举拉康、罗卜林扎仓、罗举达播扎仓、罗举安日扎仓、喜客芒扎仓。

然色拉寺之全部殿宇，尚多于以上所述数倍，此皆初期所修建。因宗喀巴大师羽化后，修建工程曾停顿，经数年后方复兴造，渐以完成全部建筑。措钦大殿是色拉最大之殿堂，一七一〇年由拉藏汉赞助而修建完成。麦扎仓始建于一四一九年，后失修，又曾遭雷击而毁，于一七六一年再重建，面积比前扩大一倍以上。

宗喀巴祖师圆寂后，释迦益西大师曾又行化内地，把宗师之教法传布于蒙古、青海、甘肃等地，并任永乐、宣德两代皇帝之国师，授为"大慈法王"尊号。故而黄教于边疆广大地域的迅速发展，其主要传播即依赖于三大寺的弘法力量。

**色拉寺组织机构及人事**

色拉寺之最高管理机构，乃为拉基。拉基之下设措钦，措钦之下即为扎仓、康村。

色拉寺初建立时，僧侣甚多，曾设有六大扎仓：喜客芒扎仓（喜扎仓）、罗卜林扎仓、朵扎仓、麦扎仓、汉人扎仓、阿巴扎仓（色拉寺密宗扎仓）。后来逐渐形成三大扎仓：杰扎仓、麦扎仓、阿巴扎仓。现今（一九四三）杰扎仓设有十五个康村，分别是安东康村、桑罗康村、绛孜康村、则俄康村、扎底康村、察瓦康村、罗巴康村、末得康村、拉康村、登玛康村、安日拜才客康村、安日来瑞康村、安日桑噶康村、安日达摩康村、巴底康村。巴底康村下设有米村八院：章巴米村、嘉杰米村、艾巴米村、业巴米村、达布米村、聂塘米村、崩布米村、度罗米村。

而麦扎仓亦有康村十五院，它们是安东康村、崩布康村、也巴康村、隆播康村、察拖康村、察瓦康村、工布康村、玛隆康村、安朵安拉康村、泰俄康村、达仁康村、木牙康村、播工康村等。

至于阿巴扎仓之下，并无康村，亦无米村。

色拉寺人事方面，大致与甘丹寺相同。以总堪布为拉基总管，拉基成员约五至七人，由措钦及各扎仓元老、卸任堪布组成。下设拉基强左、拉基业巴等职位。措钦设有铁棒、格规、翁则、强左、业巴等职位。扎仓之总管为堪布，下设格古两名，负责纠察等事务，也有翁则、强左、业巴，负责扎仓内诵经、财务、庶务。康村之总管该根一名，后补该根巴夏一人。

色拉寺之喇嘛以个性刚烈、勇敢而闻名，其朵朵尤为剽悍、好斗，恃以寺院为后盾，屡与地方政府作难，此亦为色拉寺之一特点也。

总之，三大寺之组织人事，拉基虽为最高管理机构，但握一寺之灵魂者，乃为各扎仓之堪布，以其能号召全寺之喇嘛，统率全寺之武力。故噶厦政府对于三大寺堪布之人选，颇为重视，亦颇为谨慎。在过去时代，噶厦政府选择各扎仓堪布，必须以藏人充任，任期不得超过六年。但今日已有不少蒙古僧人，学德皆优，经数十年之积淀，获得了堪布地位。未来也期望有汉僧之胜出，同样获得堪布之殊荣矣。

## 结束语

以上略述三大寺的创建历史及组织人事，可以了解三大寺对于西藏地方政府各方面都有着举足轻重的影响和不可替代的地位。

宗喀巴大师是西藏宗教改革之功臣，他在教法弘扬中，宣传戒律，注重行持，倡导中观之见。因为他的力行、宣化与著述的功德，致使格鲁一派人才辈出，也凭借三大寺严密的组织、弘法的力量，使格鲁派成为西藏佛教的代表宗派。他的中观教义曾盛行于当时西藏，乃至满蒙、青康地区。他的另外两位弟子，一位协绕僧盖，是下密院的创建人；一位宫噶顿珠，是上密院的创建人。这两个密宗院与三大寺，形成现时西藏佛教的最高学府。

同时，在西藏地方政教合一的时代，三大寺地位显赫，甚至能左右政局。如噶厦政府凡有什么重大举措，咸赖三大寺之同意后方可执行，如有议案未经三大寺通过，亦只有搁置而不能实行。过去三大寺曾反对藏王助理司伦，于是此司伦即被革职。行政如是，人事亦然，盖因三大寺喇嘛在藏政府各级机构中，把持十分之六之藏政。试举西藏行政官吏以言之，如达赖、藏王、首相噶伦、译仓、哉康、马基康等重要官职，咸由喇嘛所充任，除达赖而外，他们莫不出身于三大寺。如高贵的摄政王热振，在未应选为藏王之前，乃色拉寺之措钦诸古（活佛）。而有应选为藏王之资格者，仅有四人，计色拉寺有二人、哲蚌寺有二人，除此四人而外，包括达赖之亲属，亦无有应选为藏王之资格。至于首相噶伦，是噶厦的高级官员，本为俗官担任，第七世达赖为了增强僧官之权力，推荐增加一名喇嘛噶伦。自此，三俗一僧组成了四大噶伦，噶厦即形成了真正政教合一的西藏最高行政机构。现时之喇嘛噶伦丹巴绛央（任职期一九三九至一九四四年），位次虽非首席，但责权则总揽全藏之军政。其他如秘书处之译仓，财政处之哉康，军政处之马基康，咸为僧侣而把握实权者，故无须繁复赘论也。

三大寺是一部浓缩的西藏宗教史、文化史、社会发展史。它是藏传佛教传播的殿堂，神圣而不可替代，也是研究藏传佛教、藏学文化生动必读之教课本。其气势恢宏、风格独特的寺院群，是人类文化文明史上的瑰宝，堪称世界屋脊上的建筑奇迹，为世世代代的人民崇敬与瞻仰！

1939年哲蚌寺全景,邢肃芝摄

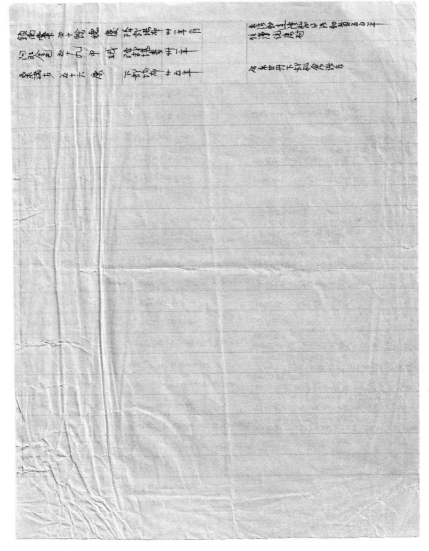

三大寺堪布一览表 2（摘自邢肃芝笔记，1943 年）

西藏三大寺之由来及其组织

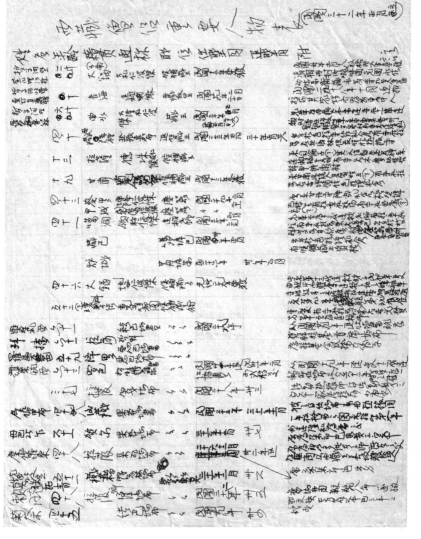

西藏僧侣重要人物表1（摘自邢肃芝笔记，1943年）

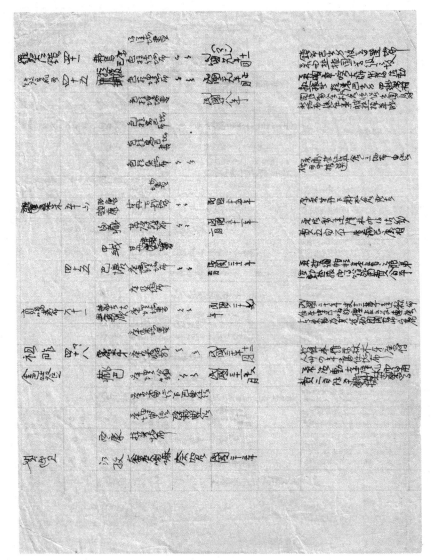

西藏僧侣重要人物表2（摘自邢肃芝笔记，1943年）

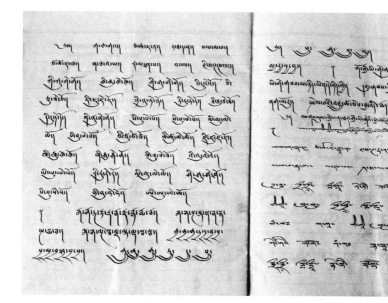

1938年在德格宗萨寺,第二世宗萨钦哲蒋扬确吉罗卓仁波切亲自教授邢肃芝藏文书法

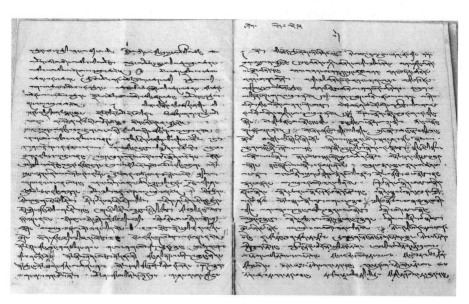

第二世宗萨钦哲蒋扬确吉罗卓仁波切手书

第二世宗萨钦哲蒋扬确吉罗卓仁波切法像，1938年邢肃芝摄于德格宗萨寺

西藏三大寺之由来及其组织

1946年藏历新年,布达拉宫山下正在举行庆典游行。邢肃芝摄

大愿节游行中盛装的人们。邢肃芝摄于1946年

拉萨赛马射击比赛。邢肃芝摄于1946年

拉鲁在射箭。邢肃芝摄于1946年

大愿节庆典中的人们。邢肃芝摄于1946年

布达拉宫跳神表演。邢肃芝摄于1946年

# 朝山日记，一九四四年

## 一月二十一日　踏上朝山征途

　　天空下着鹅毛大的雪片，整个拉萨都成了粉妆玉琢的世界，计温表已连续几天降到零下七度，我们就在这严寒和冰雪中离开了拉萨。

　　先是听说有十二年一次的杂日山朝圣之行，这种机会对我来说太难得了，就全部西藏人来说也少有人遇此机会，汉人去过的更是绝无仅有。

　　公元八世纪，莲花生尊者应藏王赤松德赞的邀请，入藏广布佛法，创建了西藏第一座寺庙桑耶寺，并在广大雪山荒漠，加持了许多圣地。西藏人传说，莲花生大师最终化虹光身，带着空行眷属飞向藏南杂日山，留下了他的圣迹。有缘人可望见杂日山山顶有虹光显现，故藏胞们将此山奉为圣山。今年恰好是杂日山逢十二年开放一次的藏历铁猴年，西藏地方政府已派官员组织朝山事宜，准备与当地人"生番"谈判，希望他们对朝山队伍不得阻扰与伤害。

　　杂日山位于藏南地区，与印度、不丹、缅甸相邻，约有二十万平方公里。它的地理位置在当时中外地图都缺，最邻近的地名叫米及顶（约在东经九十三度又三分之二，北纬二十九度又三分之二），位于大戈宗（县）境内（一九五二年后大戈宗改为隆子县），来自西藏各地的朝山队伍就在这里集结出发。杂日山居住着一群过着较为封闭的原始生活的族人，他们有语言没有文字，与外界极少接触，西藏人称他们为"野人"或"珞巴"，又称为"生番"。邻近康藏及相邻印度一带还有一种族人称"熟番"，他们较"生番"稍文明，懂藏语和"生番"人语，为求生活物资，常来中印边境贸易。英国人统治印度时，曾欲开发这片地区，于一九一八年在"熟番"人所住地巴兰坡，设立学校推行教育，但仅有少数"熟番"学生入学，"生番"则无一人前来就读。这里的陆路可直接连接印度和中国云南、西藏，其地理位置对于中国西南边防十分重要。

我曾十分向往朝拜圣山，今逢这个机会，于是四处寻找同伴，筹备骡马。拉萨北京商行"裕盛永"的经理张连山告知，前十三辈达赖的侄儿尧西朗顿家有个僧人要去，而且带有许多骡马。于是经北京商行"文发隆"的经理白万金介绍，认识了这位藏人僧官，名唤堪青。他也准备去朝山，见我是位汉僧，爽快答允与我同行，还为我提供三匹牲口，两骑一驮。有了同行伙伴，我高兴极了，带着徒弟内蒙僧人郎头，于一九四四年正月二十一日，踏上了朝山征途。

第一天，由拉萨东行，约五公里渡拉萨河。拉萨河是雅鲁藏布江中游的一条支流，发源于藏北海拔七千多米的念青唐古拉山。河水由东流西，流经墨竹工卡、拉萨市南端至拉萨西面的曲水宗，最终汇入雅鲁藏布江。时值冬季水枯之季，江面上有大木船引渡两岸行人及牲口，船为四方形、平底，由牛毛绳牵引于两岸之间，每往返一次需约半小时。

渡过河，行约五公里来到采里（或称蔡里），这里是贵族薛刚的庄子，也是一个乌拉站（旧时驿站）。一九三九年我从西康德格入藏时也经过此地，并换了乌拉（骡马）。此地约有居民十五户，南面有一座喇嘛寺，寺庙非常庄严，是明代西藏大德南喀嘉参所建，他与宗喀巴大师为同一时代的佛教领袖。还有一所研究佛教经典的采里扎仓（学院）及两所供奉护法神的行宫。以一个小小的采里村，要供养三座喇嘛寺的生活开销，足见当地藏民之虔诚与不易。

经采里村走五公里，行至巴康庄，这是尧西朗顿的庄子，此处确实是一个农产区，纵横四十公里都是已开垦的农田。藏河南岸高高的山顶上，矗立着一座宏伟的鸢巴寺，鸢巴寺与桑耶寺均为莲花生祖师所创建，是西藏历史悠久的古刹，可与后藏萨迦寺相媲美。热振活佛当政时曾一度重修之，负责修建的是僧官柳厦，他因建寺有功，后被升职为拉基强左（僧官名），负责管理大昭寺的库房。此职位是一个肥缺，一年可收入藏银五万两。藏银以两为单位，五十两为一平，五千两为百平。西藏地方政府并不管制外汇，任由市场自由汇兑，价高时每盾印度卢比可兑藏银七两五钱，价低时每盾卢比仅兑一两五钱藏银。因抗日战争，内地物资匮乏，大批商人从印度采购棉纱布匹，翻越喜马拉雅山驮运至云南、四川，一路上多需用藏银资付驮运的费用，所以藏银所需急增，故每盾卢比曾跌至仅兑一两或一两五钱藏银。

从采里起我们与拉萨河分道而行了，纵横的沙坝上，孤独地行走着我们五六人的马匹。晚间行抵德庆，当晚就宿在一座喇嘛寺内，寺名阿巴日出。"日出"是西藏较小寺庙的通称，几年前我也曾到过此地，寺内有二十多位喇嘛，寺中最驰名的是奈窜护法神和工布护法神，极其威严神灵，闻名四方。在大殿拜谒护法神时，喇嘛们听说我们是去朝拜圣山的，特地持诵了很长的祈祷经文，祈祷我们能受到护法神的庇佑，一路平安。

## 一月二十二日　经甘丹寺，抵拉木

德庆是邻近拉萨的一个宗（县），全境有居民三千户，宗官由甘丹寺派遣的僧官担当，地方政府是无权干预的。甘丹寺属黄教的祖寺，是由宗喀巴大师亲自筹建于明永乐七年（一四〇九）的第一座格鲁教派寺院，距德庆二十多公里，距拉萨三十七公里。寺址建在海拔三千八百米的旺波日山上，布满山坳的峻崖上庙宇重叠、傍山矗立，极为巍峨壮观。但寺僧清贫，于是当地每年租税需全部缴纳甘丹寺。为奖励喇嘛来甘丹寺诵经，寺庙特发寺僧津贴，每位甘丹寺僧人每年可得青稞二斗，这可不是西藏其他寺僧都能享受到的待遇。

甘丹寺东面是八角朔，可遥望甘丹寺的殿顶，从寺的山后也可攀岩而上，但非常险陡。行往后山途中，遇见了十二位徒步去杂日山的朝圣者，队伍中有男有女，有僧人也有小孩，每人背着行李和粮食，虔诚地步行在路上。我们是骑着骡马前行，虽比他们快得多了，但到杂日山后大家就要比试攀崖功夫了。从甘丹寺山后走了七公里，看见南喀嘉参大德的灵塔，塔身呈圆形，源于印度佛塔的形式，高约五十丈，旁边还有几座小塔。我们绕塔一圈，顶礼后继续前行，附近住有八九户藏民。

晚间行抵拉木，拉木是个喇嘛寺名，寺内殿宇堂皇，内供护法天女的神像及一位称"拉木仓巴"的护法神。村里住有堪青的兄弟及亲戚，但兄弟之间地位悬殊。堪青是拉木人，十余岁出家，进入布达拉僧官学校，毕业后陆续升至堪窘（高级僧官）的位子。曾随从十三辈达赖去北京，朝见过光绪皇帝及慈禧太后，故他对汉地颇有了解，这在西藏人的眼中，是令人羡慕的，因此一些亲戚朋友都以他为荣。

## 一月二十三日　经鸠摩哉寺、墨竹工卡

早晨八时离开拉木，骑在骡子上想起自己入藏时的情形，多在深夜一两点钟起身赶路，因为高原上四季多风，尤以日间风更猛。《三藏圣教》序中描写古代西域情况之"惊沙四起"，实谓当时藏地高原之写照。那避之不及的旋风刮来时，飞沙走石欲将人淹没，连牲畜也会嘶叫不已，甚者竟将人畜卷入空中。而晚上反而风平浪静，故而旅行者多凌晨起身，借着月光，在星空下赶路，这也是在藏旅行的一大特色。

由拉木下坡东走五公里，这是鸠摩哉寺。寺庙依山建于高处，可俯览山下广阔牧野，似乎在守护着这方的藏民与家园。寺中有五六十位僧侣，居民十余家散住在寺南。我们绕行于山腰，道路被冰雪封冻，实在举步维艰，骡夫手捧黄土来回撒在冰雪上，才使大家安全行过。

拐个弯就看见墨竹工卡，街道两旁有杂货店数十家，房屋非常简陋，店中出售云南沱茶及一些日用品。泥茶壶是本地的出产品，这是藏家每户必备之物。藏人们喜欢饮酥油茶，但是酥油和茶拌和后必须摆在火盆上保温，否则一遇冷，酥油就与茶分开，变成酥油是酥油，茶是茶。此地是一个农产区，拉萨河也流经此地。工布所产的木板，先由牲口拉到此处，然后经牛皮船渡过拉萨河，运至拉萨出售，省时又省力。

墨竹工卡的东面就是直贡，是一个很大的农产区。那里有闻名的直贡噶举派寺院，数十座幽静的小寺庙分布在山坡周围。一代代的瑜伽士聚集在此闭关，皆经悟道与修行而获得成就。噶举派在教法与修行上注重上师相传，通过师徒口耳单传，弟子修证，通达大手印的境界。

我们行走的路线并不需经过直贡，而由墨竹工卡向东南行而至打扎。此为东波大中译的庄子，大中译是达赖侍从之一，一个高级僧官的名字，翻成汉语就是大秘书或秘书长之意。继前行至达劳村，此地即是墨竹工卡泥茶壶生产地。达劳村出产有羊毛、青稞、小麦等农产品，村落星罗棋布，看上去是一个富庶之区，这在前藏是较少见到的。距离不远就是江巴夏，这是丹吉林的庄子，原为西藏四大林之一，民初惨遭十三辈达赖拆毁，致片瓦不存，活佛被害，寺僧被逐，目前已无丹吉林寺址。

## 一月二十四、二十五日　却格喇嘛寺，热心的巴劳庄主

晨起离开江隆卡西的村子，房主人很客气，不肯收我们住宿费，让

人送去又退回,听说我们是去朝山,主人又特别赠送一斗马料,以应路上急用。西藏上好的马料是黑豆,一斗价须十一二两藏银。

从江隆卡西到格桑卡西有六公里,路平坦。途遇一冰河,约五六丈宽,冰面很滑,如果骡马钉有马掌,反而无法过冰河,故山南大戈一带的骡马,都不钉马掌,虽在长途旅行中走得稍慢,但十分稳当。行过永照,至格桑卡西村时烈日当空,汗流浃背。此是靠近如赤的一座村庄,当地建有三座佛塔为标记,居民仅五六户,周围林木茂盛。这些生长在高原的树木,都是西藏特产的,无法叫出它们的名称。从小贩那儿尝到一只从锡金运来的橘子,口干舌燥之际真觉清润无比。

又行数公里到了却格喇嘛寺,寺址建在河对岸的高山上,有喇嘛五十余人。该寺隶属于哲蚌寺果芒扎仓播巴米村下的一个小寺,堪布由自己委派,财产也由自己管理。寺有五百多头牦牛,每年所产酥油、奶渣运往拉萨,上交果芒扎仓,故播巴米村虽是一个不大的僧院,却颇为富有。西藏三大寺的各个僧院,皆拥有自己的田产,贫富不等,有些僧院收入多,很富裕,有些僧院房屋破了,却无钱修补。因此对于各自的施主互相竞争,当仁不让。民国中央政府每年在拉萨大愿节布施时,也曾发生过寺院之间的争执。

再往前走就是止贡,该地属拉萨附近一个神秘区,范围有五百多平方公里,农产品很丰富,当地藏民多信仰红教,宁玛派寺庙十分兴盛。而当时在拉萨已看不到一座红教寺庙,不是被捣毁了,就是改信了黄教,那是有历史上的原因的。拉萨的贵族们纷纷传说止贡的红教喇嘛有神通,如伸手向空中取锡金的鲜果等,这是他们苦修获俱的证量,故藏民们对他们十分敬重。

从却格村到巴劳村,住有堪青的许多亲戚,十分欢迎我们去投宿。今日所住这家庄主名叫达劳,有两所很大的庄院,全家七口人,家中雇有喇嘛诵经,其中一位喇嘛还到过五台山,竟能讲几句山西话。当晚主人殷勤地招待酥油拌米饭，堪青仍是一贯素食。第二天大早，主人端上牛肉炒菜、酥油拌糌粑。午餐是酥油拌饭、土面条、馒头等，每样食物均盛在五寸高的木盘上，十分礼貌周到。晚餐有麦片稀饭，这在西藏农村实为少见。

庄主挽留堪青多住一日，建议我们参拜附近的邦沙喇嘛寺。邦沙寺位于巴劳村东面十五里，沿山尽是梯田，寺中有僧侣三十余人，颇邦喀大师及赤江大活佛曾经到过此寺，故小寺名声大振。一位老喇嘛迎我到他的禅房休息，见有一尊印度铸造的四臂观音铜像，铜质细滑有光，不同凡品。历来西藏的佛像是出名的，尤以印度铸造者最为尊贵，以我见过的藏地每家佛堂里，都供奉有珍贵的佛像或宝物，甚至有人不惜以重金求购，以表信佛之诚。

离邦沙寺回到巴劳，天下大雪，庄主又亲自送我们到仁进里喇嘛寺参拜。寺的大殿已不像五年前的旧样，因此为大火后予以重建的，肃穆而庄严。寺的周围有松林环抱，一条发出冲激之声的河流，蜿蜒奔向前方，这就是拉萨河的上游。

巴劳村庄主在此与我们告别，但庄主仍令他的儿子在距前二十里地烧茶伺候，等待我们到达，为我们拉马休息。在此严寒的旅途中，饮着这杯热气腾腾的酥油茶，驱赶了我们身上所有的寒冷和疲劳。

因为参拜喇嘛寺耽搁了时间，今晚仅行到如多，该地在乌苏江与墨竹工卡之间，荒寒而缺少草料。见一座寺庙高耸在山上，山下有几处天然温泉，却鲜见有人在此沐浴，我们便在草坝上搭了帐篷息宿。

如多是拉萨附近的危险区，闻有盗徒出没，西康的歹徒常到这儿来找点"买卖"，西藏人对他们甚感头痛。在印、藏交通线也有类似情形，青海来的安东骡夫更加野蛮，常常抢夺西藏骡夫的粮食。自入拉萨哲蚌寺学经以来，我已多年没在荒野露宿，今夜不免担心，故难以入眠。堪青是地道的西藏人，也很谨慎，今日他随身带的枪支又发生故障，于是大家围坐诵经，度过长夜。

## 一月二十六日　翻木工拉雪山

离开如多，一直往东就是康藏大道，从如多向东南翻过木工拉雪山，即属山南。从拉萨到山南的路线有多条，可从曲水乘牛皮船到支塘，也可从德庆翻郭喀拉山至桑耶寺。从工布江达至大戈是第三条路线，翻木工拉雪山至俄噶是第四条路线。

木工拉雪山海拔很高，从如多至山顶约十多公里，从山顶至山足约二十多公里。该雪山东至工布，西南至翠南，在山顶可以望见山南全境。当地藏人认为西藏境内的四大雪山，即罗布棍吉山、擎夺卡泼、亚夺卡拉，还有就是有名的冈底斯山。

木工拉山顶极其寒冷，约在零下十七八度左右，山间的瀑布在冬季呈一悬挂的冰柱，带些神秘感。冰雪已将山路封冻，每前行一步，需要骡夫用尖刀凿开坚冰，再撒上沙土，骡马才能小心通过。为免于滑跌，我们就这样边凿边行，在木工拉雪山上共凿开十七处坚冰，终于艰辛地翻过雪山。我要感谢骡夫们，他们吃苦耐劳的毅力让人起敬，他们是征服雪山的英雄，是立下汗马功劳的勇士。

## 一月二十七日　朝江巴林寺，访俄噶宗宗本

晚间行至江巴林村，此属俄噶宗管辖，居民约三十多户，气候稍暖，晨温约在零下三摄氏度。

江巴就是弥勒佛，宗喀巴大师曾在此处修建了江巴林寺，寺中有喇嘛二百多人。西藏各地信众来此朝佛者甚多，以求忏悔一生罪孽。江巴林寺的殿顶，一直保留有达赖喇嘛的寝室，陈列着不少宝物，如宗喀巴

大师用过的木碗、禅杖、达赖和班禅的法衣、经书及修密法的法器如天灵盖等。在藏地的每个寺庙，都珍藏有镇寺的佛教圣物。

我们当晚的住宿地就是江巴林寺的拉章，房子宽大而华丽。西藏寺庙可称拉章的，需具有相当的财产和久远的历史，大都以寺庙及活佛私人财产庞大并设有专门管理人的方可称，如热振拉章、大昭寺拉章等。至于贵族世家一般不称拉章，而在拉萨有一家拉章领巴，却有此称呼。江巴林拉章的一位喇嘛说，除江巴林外，还有取桑、取隆、尼玛桑明寺等也称拉章。

在江巴林休息一日，朝礼了取桑、取隆两寺。此两寺均为宗喀巴大师所创建，取桑寺内供有宗喀巴大师亲手塑的十万尊长寿佛，取隆寺内保存有宗喀巴大师说法台及在大石上留下的足印遗迹。据云，如果有人磕十万大头，站立在同一地点，就会有足印出现。取桑寺内有喇嘛一百四十多位，取隆寺仅有十二位，喇嘛们的生活由俄噶宗的租税提供，每年从公库拨二百余斗青稞供养僧人。

俄噶宗宗本叫汪取甲本，我与他曾是哲蚌寺的同学，一起拜在下密院堪书座下学习西藏文学。堪书是当时闻名西藏的文学家，汪取甲本的父亲也曾是位著名的文学家，精通藏文、印度文及英文，后因参与龙霞阴谋革命，被热振活佛放逐去印度，龙霞则被赐死。

我从江巴林去走访汪取甲本宗本，待走近官衙一看，宗堡仅是一座空房子。原来他已搬与平民同住，门口仅挂了两根五花大棍，作为官衙标记。俄噶宗的居民不过三十户，对宗本很是恭敬，从不敢违抗命令。我问及宗本，他说对百姓只有用严厉的手段才能驾驭。在西藏，每个宗本都是对人民压榨的，每任宗本一般能赚到两三千平藏银，纵然本人不想这么干，手下的人也想多捞点好处。宗本的家仆在拉萨是仆役，在宗内即成了市虎。我与汪取甲本一年多没见面了，前年冬季他赴任宗本时，我正在距拉萨西面七十公里远的江洋棍曲，参与三大寺的因明学者讨论法称菩萨的《量释论》辩论会。汪取甲本邀请我午餐，招待得十分丰富，饭后我便匆匆告辞，起身赶路。

归途中经过喀拉西卡，这是一位仲尼钦波的庄子。仲尼钦波曾是十三辈达赖宠臣，死后由他的侄子们继承财产，侄子名叫卡拉色，职务是古松如本（军职，相当于内地的连长）。西藏世家公子依旧例都需参加军队服役，一入营便是如本。西藏的官位是世代承袭的，因此普通人做到如本、代本的并不多，除非建有战功。

俄噶宗的山区属山南，因它仍是高原气候，除养牛羊猪等，也出产好马，每匹好马值一百平藏银，次者七十五平。境内有草原，有虎、豹等野兽出没，传说第七辈达赖格桑嘉措来山南时，曾有狮子献奶、天女献花。俄噶宗的水源即来自附近的木工拉大雪山。

## 一月二十八、二十九日　翻格朗拉大雪山，经拉姆拉措圣湖

离开江巴林至桑林寺，沿途沟壑纵横，地势起伏很大。由桑林寺后山走五公里左右，就是俄噶宗至群柯吉的大道。行抵桑林寺之际，途遇热振寺的翁则（领经师，汉人寺庙中称维那）和惹嘎夏的菊拉，他们也正徒步赶往杂日山朝圣。菊拉背的糌粑过重，我让我的骑骡为他分驮一些，并约定到尧西朗顿家时取糌粑。直走到太阳西下，才遇见有草的地方，于是在草坝上搭篷露宿。乡民说该地多狼，我们却未闻狼叫声，因为太累了，堪青一倒地便进入了梦乡，我也睡得很酣甜。

晨起从支塘出发，行至群柯吉约有三十八公里，中间隔一座大雪山，名格朗拉雪山，高约五千余米，遮断东西交通要道。山间瀑布结成冰山，耀眼夺目。行至山顶，冷风刺骨，积雪没过双膝，赖骡夫在前引路，举步维艰，时感气喘窒闷。下坡路上尽是坚冰与乱石，稍不慎跌倒，即有骨折之危。

距群柯吉寺十五公里处，见山间有两湖，一名降生拉措，一名拉姆拉措。拉姆拉措的藏语意为"吉祥天姆湖"，以能预示未来而闻名遐迩，是西藏最神奇的圣湖。它在藏传佛教转世制度中有着特殊作用，凡是达赖喇嘛、班禅等大活佛寻找转世灵童之时，必须到此进行观湖。当年热振活佛为寻找十四辈达赖，在此观察灵童出生地，湖面即出现了清楚影像。画师当即画下湖中所现，随后热振派出三队人马，在西藏境内外找寻，结果由古桑子率领这队在青海祁家川寻获。今日经过拉姆拉措，时值冬季，湖面已被冰雪所封，未能见到任何影像。

由格朗拉雪山至群柯吉，虽然行走了二十公里，下山坡路还未走完。从木工拉来时是东南行，现在是正南行，冬季的太阳虽然温煦，但在中午和下午还是会被晒得口干舌燥。我戴了顶遮阳帽，藏语根桑色耀，西藏妇女出门时多戴此帽遮阳，引得堪青笑我像女人。

从群柯吉向南，步步走向低谷，气候大大地转暖了。满坡满沟中野花娇艳、松柏高耸，桃树、杏树、夹竹桃迎风摇枝，似乎在向我们招手。沿途的枯树枝是旅行客们的天然燃料，夜宿时我们折了一大枯树干，点燃取暖，燃烧了一夜，竟还未烧完一半。

## 一月三十日、二月一日 翻祈牛达拉山、达拉岗布山，至冲康

格朗拉之水不向西流，而是由此向东南流去，最后汇入雅鲁藏布江。从采曲沿河行五公里，到甲措宗。甲措宗乃热振活佛之出生地，县衙就设在雅鲁藏布江边，气候温和，居民约四十余户，田地里种着土豆、青稞、核桃等作物，因多是山岳，可耕之地并不多。

从甲措宗南行，经热振庄即到祈牛达拉山。此山海拔五千余米，在甲措宗可见其顶，山的东部绵长、西部平坦。我们穿过山口，背后是许多山谷和峻崖，东侧接邻大戈宗，西侧一片乱石山麓，山道崎岖跌宕，

狭窄处仅容一人通过。在大戈宗以西，山石呈火焰色，光秃秃地裸露着，峻崖上有数座小寺庙，曾是宗喀巴大师所建。山之背面有两小湖，一湖显青色，一湖显白色，青者如墨，白者如牛乳，传说为黑、白二龙所居，异常神秘。翻过祈牛达拉山，当晚即宿在山麓下的龙子村。

清晨起身，发现堪青并未宿在村子里，却在草坝上搭篷露宿。原因是尧西朗顿的八匹骡马每日需食大量草料，为节减开支，他将骡马夜牧于草地上任其吃饱，可省下不少草料。

行过夺书庄，看见几座损毁的宁玛巴寺庙，曾是清康熙年代被准噶尔部队所毁。准噶尔是元朝蒙古部落之一，信奉黄教，为平定五世达赖管家桑杰嘉措把持藏政之乱，清政府派兵由青海入藏平乱，距今四百年了。而现在红教在山南拥有相当信众，山南最有名的红教寺庙名青栽林，噶厦政府每年举行护境息灾法会时，多请他们诵经作法。拉萨虽然是以黄教为主流，但不少贵族家中也喜欢请红教喇嘛来诵经。

由宁玛巴寺向西，即翻越达拉岗布山，从山下行到山上需一日路程。我们从山下逶迤上行，一路全是悬崖峭壁。郎头是蒙古人，一边摇头一边嘟囔着，说自己从吉林一路到拉萨，途经热河、察哈尔、青海，从没走过如此危险之路。可他未知更危险的朝山之路还在后头呢。从达拉岗布向东，山路更险，需将身子紧贴悬崖而行，俯视脚下涌滚的雅鲁藏布江水，每一步都是胆战心惊。下山时经过一座流沙，宽达八十余尺，踩在沙上，窸窣有声，人在走，沙也在流动，恍如《西游记》中之情景。

翻过达拉岗布山，今晨又行过灵妥日出山，路中遇见许多猪贩子西行。在拉萨如背有一二只猪腔子，是很容易出售的，因拉萨市仅有牛肉，多由回教徒经营。政府的屠宰税是上交牛皮一张、牛尾一条。在西藏牛皮多制作皮革，牛尾输出回教国家，作供神之用。

下午行至冲康，这里是十三辈达赖出生地，三面环山，一面临雅鲁藏布江。原本此地很荒芜，自达赖出生后，噶厦政府在此盖了三座大厦作为纪念。西藏规矩，对出生达赖的家庭不论贫富，都要为之修尧西府，兄弟姐妹封官职，成为贵族，又配给良好庄田和农奴，供世代享用。十三辈达赖在世时，尧西朗顿也有优越的待遇，二十二岁就当了辅政大臣。但十三辈达赖圆寂后，他因与热振活佛意见不合，而被革职居家，旧西藏的统治是极为专制的。

这座大厦名叫冲康，冲是尊称，俗语应叫生康。冲康周围有不少文竹、桃树、杏树掩映，十三辈达赖生前曾来过一次，顶楼还有他的纪念堂。我们走进冲康，便有一位管家前来接待，招待得很丰盛。先是一杯酸奶子，继有象征祥瑞的祖麻果。晚餐是鸡蛋面茶、四样炒菜、米饭、糌粑、麦片粥，还有一碟酱油，在晚间总共要吃五次，这是西藏贵族招待嘉宾之礼。顶楼的纪念堂内供奉着保护家宅的各尊护法神，西藏的护法神有奈窘护法、工布护法、灯马、马松、马将、巴格夏等。冲康大厦内主供的是大威德金刚，两旁供奈窘护法与工布护法。两位喇嘛专司点灯诵经，长年护守，上下仆人共有二十多人。临走时，堪青赠送管家一方俄国出产的金丝缎，以表谢意，此礼在当时西藏实不多见，且价值不菲。

从冲康起行到大戈宗，还有一日路程，路线是沿雅鲁藏布江东行。邻近冲康之雅鲁藏布江南岸，已属噶南宗。当时全部山南共有二十五宗，各宗所在地及名称在当时中外地图上均缺失。一九五一年以后，测绘的地图比较正确，但各宗均已重新划分，与老习惯不尽相同了。

## 二月二日　到达大戈宗

在堪青朋友强左的陪伴之下，我们前往大戈宗，那里与"野人区"接界，离朝山集结地米及顶不远了。

沿着雅鲁藏布江东南行，是高低不平之山路，这一带都是尧西朗顿管辖的范围。见山上建有许多石室，外观如古老而结实的城堡，那就是大戈宗宗衙。雅鲁藏布江是世界上海拔最高的大河，自上游马泉河始，由西向东，横贯了西藏南部。去岁秋季，我曾上溯其源头，行至西藏西部之定日，如今在隆冬之季，行至中游藏南地区，竟还不过藏江五分之一长度。在当时拉萨所有汉人中，还没有一个人走过这么多地方。从冲康至大戈，一路沿藏江而行，至下午二时差不多快到大戈了，有人前来招待茶点，茶是酥油茶，点心是煮好的米饭拌酥油及葡萄干，每人分得一小碗。

要和藏江分道了，我们在大戈宗江边的一个小渡口，渡河向南，而藏江继续流向东南的工布。渡河用的是牛皮船，大小与在西康德格渡金沙江的牛皮船差不多。渡牲畜用的是木船，宽约三公尺，高约一公尺半，每次可载三匹骡马。我们有八匹骡马，加上强左的两匹共有十匹，往来三次，才全部渡过。

藏江边又有人来，迎接我们的是尧西朗顿的小女儿和仆人，献上雪白的哈达，递上可口的糖果，又在河边铺好柔软的藏毯，招待我们休息。藏家的孩子热情礼貌，善良好客，女孩尤善歌舞，聪明能干。尧西朗顿未能亲自来迎，按西藏等级制度，官高为大，即使是至亲亦不例外，若是活佛或地位更高之官莅临，则必亲往迎接。

在河边休息后，即行至尧府。尧府是一座藏式的平顶楼居，平顶上是晒台，割下的小麦及青稞都在此晾晒。二层是主人房与佛堂，底层多为仆人居住、堆放杂物或拴牲口等。管家安排我们住在第二层，因尧西朗顿本人及家眷住在附近新建的楼房里。他担任着宗本职务，每日有许多公事及家务事要忙。尧西朗顿在拉萨是有名的大贵族，拥有大片庄田、住宅，但他并不用管家，仅雇了一个喇嘛作业巴（事务员之意），一切事务巨细，甚至一杯生油、一斗马料，也都要亲自过问。眼前他带着四个儿女住在大戈，他的太太时常去拉萨照顾生意。全家生活得十分富裕，穿的是缎袍革履，午后在花园中射箭消遣，晚间有石油燃气灯照明。

## 二月三日至二十一日　在尧西朗顿家

自离拉萨,在途中行走了十二天抵达大戈宗,应尧西朗顿邀请,我们借宿在尧府,并为朝圣杂日山做准备。我每天诵经修法,修的是大威德金刚法及圣救度母法,祈求本尊及护法加持,护佑朝山一切平安。

大戈宗的地势三面环山,上午九时才能见到太阳。早晚温度在零下五摄氏度,中午在十二摄氏度左右,比拉萨暖和些。此地紧靠雅鲁藏布江的中游,东面与工布接界,中间隔一座工布巴拉大山。正东距五六公里与江东宗(也叫居木宗)接界,正西与噶南宗接界,西北与甲措宗接界,东南与"野人区"接界。故常有些"熟番"人,来村里讨酒资。在地理上它的位置是东经九十三度五分,北纬二十七度十七分之间,关于这一点,中外地图都未尽清楚。

大戈的民风与语言,也和拉萨有些不同。大戈语"过新年"称为锁南罗萨,意思是幸福新年。过年时家家会把房舍打扫干净,屋顶挂上彩旗,地上画上白粉线,男女都穿上新衣,围坐在平坝上唱歌、喝西藏土酒,直至大醉。还有一种赌博游戏,叫干点子,众人围坐,摊一张牛皮在地上,有骰子三十二枚、黑红标签九枚。玩时将骰子装在一个木碗内,举过头顶大声呼叫,然后将木碗扣下,揭开碗盖,看点子大小以定输赢。此种游戏以男人为主,妇女很少参加。

大戈妇女的服装也和拉萨不同,头上戴一顶小黑帽,身穿由羊皮或氆氇缝的长背心,足下蹬薄底靴子,别有一番风韵。

在西藏住了数年,生活习惯早已入乡随俗,藏人的饮食我都适应了。如糌粑,是以青稞炒熟,磨成粉装在牛皮袋中,出行携带很方便,在藏地饮食中,它是绝对的主角。吃时拌以酥油茶,如无热茶,则拌以冷水亦可食之。如干牛肉,是以新鲜牛肉切成细条,不加拌料挂在通风处风干,可与糌粑拌食。如奶渣子,把牛奶提出酥油后煮熟,再冻结成小块。还有一种藏名称作"吐"的食品，是用酥油拌以面粉加糖，经捶打而成，非常香甜。另外就是川茶或云南产的粗沱茶，也是藏民喜欢的饮品，这些都是在藏地旅途中常备的食物。

数日后，尧西朗顿的夫人从拉萨回来了。她出身于贵族，待人接物沉稳有度、精明能干，是个理家做生意的好手，西藏人称她拉姜古学。相处熟悉后，她告诉我，尧府有田庄十五处、农奴千余人。十五处田庄每年可产小麦、青稞等粮食约三万斗，若以大戈县粮价每斗藏银十两计，约可年收三万两。她家有一千五百头牦牛，夏季草肥时每头可产酥油三百克，冬季因喂干草，产量只有夏季的三分之一，所产酥油均运往拉萨销售。另有羊一千五百头，所产羊毛，雇用工人编织藏毯、坐垫。还有种植的核桃、杏仁等果品，也运往拉萨出售。大戈地区盛产木材，她又收购木板，雇木工制作木器，运往拉萨销售。故每年总收入约有十五万卢比。但大戈本地的开支也很繁重，每月开支仅青稞一项，就须支出一百二十斗。

## 二月二十二日　离大戈，往米及顶集结

从大戈至米及顶还有七天路程，并且要翻越两座大雪山。尧西朗顿除为我们准备粮食外，还选派了体格健壮的十个农奴随行，帮助背粮食与行囊，他们熟习爬雪山，且都是他的农奴，故途中不会逃跑。尧西朗顿嘱咐他们，在路上要听从我们的指挥，并发给他们每人十五天的粮食，余下天数就由我们提供。出发前我为徒弟郎头缝制了一件新袍，其他用不着的行李寄存在尧府。一切准备妥当，今即启程去拜如宗。

一早队伍出发，运行李的牦牛及骡子就有七头，驮的大多是糌粑及各人卧具。中午行抵苦来寺，这是座红教尼僧寺。寺内供有牛神像及阿底峡尊者天生像，据尼僧介绍，此尊阿底峡尊者天生像常有甘露流出，

极为殊胜,于是大家虔诚敬拜。该尼寺还有一特殊寺规,可招上门女婿,生了孩子即为僧尼,此风俗在西藏其他寺庙是绝不容许的。

下午刮风,特别阴冷。太阳未落山行至拜如宗,宗衙高建在山上,据险而筑。该地属尧西朗顿私家放牧地,为防疾病传染,他人之牛马是不准进入的。我们的行军路线,是由此处过碑公至米及顶。行至工果门拉山,海拔四千米,松杉极多,寒冷异常。可我们的皮衣都寄存在大戈,方悔未带及身边。明日还须翻苏拉雪山,闻听数日前降大雪,冻死了两人,大家皆担忧,乃与堪青商量,便雇熟悉该山路的老乡数人,做明日向导。

当晚宿于雪峰下。

## 二月二十三日　翻越苏拉大雪山

夜宿于雪峰下冻得哆嗦,晨起胸闷不舒,乃煮饮一碗姜汤,继又步行出了一身汗,稍觉好些。

上午降雪又刮风。由拜如东行十五里至牛本山,行二十里见雪峰高耸,巍峨而又神圣,即苏拉雪山也。山间遇一座喇嘛寺,有位德国人正在寺内修学藏传佛教。

苏拉是藏南有名的大雪山,连绵的雪峰,苍茫而悠远。山上雪深处及腰,由向导在前开道,堪青骑一头牛,我与众人步行上山。行约数里,太阳始穿出云层,雪光耀目睁不开眼,我便拽着堪青骑牛的尾巴前行。接着雪更深,道路难辨,每迈一步充满危险。行抵苏拉山顶,见峭壁千仞,云雾缭绕,感气喘力竭不已,乃卸下牛背驮子弃于途中,叫郎头看守,自己骑上驮牛行至最高峰。最高峰上白雪皑皑,乱石纵横,驮牛亦行走困难,停止不前。便又跳下牛背,将驮牛放回,载运郎头及行李向前。在山上等候郎头甚久,堪青骑牛慢慢先行,我将驮牛前拉后推地又上了另一高峰。从山顶俯视,见雪山茫茫,冰峰陡峭,一阵彻骨寒冷,于是赶忙下山。下山之路亦险峻，沿途遇流沙，便坐在沙上顺势滑下。抵达山足后，又过一冰川，方见到噶南至米及顶之大道。

大道上有许多来杂日山朝圣者，有步行的，有骑骡的，络绎不绝。见路旁有一妇人坐在地上，上前询问，知她刚从不丹翻越大雪山至此，双腿受伤严重。可惜我们未有冻创伤之药，爱莫能助，心中十分不忍。

夜晚宿于荒坝上，朝山人员渐渐增多，平地已被先到者占据，找不到宿地，大家挤在一起，勉强度过一晚。

## 二月二十四、二十五日　至取桑

晨起，从荒坝徒步三十里至取桑。此处地势高寒，是朝杂日山之要道，来回均须经过取桑，故此处民房已被租居一空。从苏拉雪山起我们即踏入拉古绒古区域，所谓拉古即是九座大雪山，绒古即是九道山沟山湾，但每座大雪山又含有很多座山峰，有的有雪，有的没雪。这意味着朝圣杂日山实际已拉开序幕。一到取桑，堪青建议先去与门中兄弟会合，这样人多力强，多些相助。门中兄弟已于昨日先达，见到我们很高兴，招待大家酥油茶，说昨日地方政府已请来几位"熟番"人，是与"生番"人谈判时做翻译的。

入夜，降雪厚达数寸。天一亮便起身，除自背毯子、随身物品，并预备了防身手枪。这些行李背起来已很重，何况冰天雪地里须翻大雪山一座。此山有七峰，山道险陡，因雨雪更增添奇滑。一路走得满头汗水，所戴墨镜又不能摘下，真是苦不堪言，故每走二百多步即在路旁休息下。从山下向山上行了三十里，终于到达山顶，于是按藏俗"放桑"，点燃带有香气的青松树枝（或扁柏等植物），挂彩旗，念诵经文，向达布西日山发愿，祈请山神保护以获平安。

十一时行至洞村，于一户民宅中休息，见房舍四围有雪山七八座，皆是杂日山之支脉。房主人对我们很热情，述说他年轻时曾做过十三辈达赖喇嘛的侍从。院内种了不少花草，墙上竟贴有一版中文的《仰光日报》，还有半页英文报，但辨不清是何年何月发行的，伙房内还见有六十多只汉地的蓝花碗和黄花碗。主人介绍附近有一个天然石岩，据说是胜乐金刚配偶之阴，夏季有泉水流出，冬季则结冰无水。

晚宿于洞村，闻洞村有牲口可雇至米及顶，索要二十两藏银，我们决定步行，不需再雇骡马。

## 二月二十六日　石龙寺，吉喀拉康神庙

晨六时，由洞村出发向东行。沿途树木繁茂，松树高达十五六丈，粗壮挺拔，真是栋梁之材，可惜藏南交通不便也。地面上到处是未化的坚冰，加之如地毯般厚的青苔，一路上频频有人跌倒。行约四小时到石龙寺，寺庙被厚厚的积雪所盖，周围仅有左康（村民）一户。我们卸下背包置于路旁，徒步进寺祭拜石龙。见石龙头部由鹅卵石砌成，上盖有青苔，形神逼真，龙须是由草枝编制，龙腹上有精致的天然石错。于是又在此"放桑"，以烟火祭祀，这是藏族人特有的祭神仪轨，并诵"小桑"经文，来祭祀神灵，祈求神灵护佑朝山平安。

继续向东南行，踩着坚冰行五里，到了吉喀拉康神庙。此为专供护法神之庙，庙内有条溪流，称吉喀嘛布甘露水，传说能明目净心，加持力极大。大家乃掬一捧清凉的溪水净目，甚觉清醒明亮。此处有西藏邮亭一座，于是略作休息。远眺吉喀嘛布村，约有四十户人家。邻近的多杰帕母庙是远近驰名的，因大雪覆盖，未能前去朝拜，凡从杂日山平安归来的朝圣者，皆会到此庙焚香礼拜。闻南山有五峰，代表五方五佛，或有言代表工布神、金刚手、观世音、救度母等五圣。

我们在此留宿了一日，途中经过隆子宗宗本、噶窨娃及慈埋巴等贵

族领地。遇从米及顶来人说，那里已到了二千多"生番"人，占米及顶居民三分之二还多，这数量远超过往年，藏基巧（地方政府所派官员）正在与他们商谈中。

## 二月二十七、二十八日　至米及顶

晨六时出发，翻越一山，上山之路仅一里，下山之路却走了六里。山路皆被冰雪封冻，干脆就坐于冰上顺势滑下。

九时行抵一块平地，寻枯竹为燃料，烧茶果腹。遇一朝山者从米及顶来，上前探问情况，说藏官与"生番"人的谈判还未有结果，故日内不能启程。他队中有人主张返回取桑等待，我队决定继续赶往米及顶。路上的冰雪渐渐有些融化，地面更加滑腻难行。走过两桥，下午三时行至一个山坡上，与门中兄弟商议，决定在此息宿。夜间下起了雨，高山上仍有不化积雪，捡来枯枝点燃篝火，火光映红了荒坡，帮助我们驱散寒冷，又度过一宵。

早起行三里地，即至米及顶。数位"生番"人站立于道旁，见一男性身穿西藏氆氇，背部及阴部均裸露，头发蓬乱而黄，戴一顶竹编帽，腰间挂着佩刀，身后背一竹篓，竹篓内有用竹叶所包之食物，形如角黍。箭镞藏于竹筒内，斜挂肩上，身形较为健硕。妇女腰束铁圈，衣长及膝，颈挂彩石项链，耳垂铁圆环，腹部束一藤圈，走路时扭腰。他们即是从"生番"区而来，有语言无文字，迷信巫师的当地族人，藏语称为卡罗及顶罗。第三种是查罗（"熟番"），他们的衣服相似西藏土族人所穿，戴黑色乌鸦羽毛帽，住邻近西藏边缘区域，服差役、通藏语和"生番"语。

米及顶天气晴朗，温度约十至十三摄氏度。有居民四十余户，"生番"人杂居其中，此地还有尼姑寺七八座。朝山总管隆果基巧在此设立的临时指挥所，就在东侧基戈塘的一个帐篷内，随身带来乍基兵（地方政府统辖的武装队伍）五十七人，驻扎在新建的竹房内。还有工果县土兵四十多人，也前来护卫朝山者的安全。

米及顶的农产品有青稞、土豆、鸡、猪等。我们受隆果基巧招待，晚餐很丰盛，有酥油茶、饭、面条，还有牛羊肉等。当晚，基巧安排我们住在一个尼姑寺内，禅房十分宽敞整洁，据尼僧介绍，此禅房曾招待过不丹国的大活佛，令我们有受宠若惊之感。

## 二月二十九日、三月一日　千余名"生番"人至米及顶

上午，隆果基巧来寺中看望，说"生番"人非常仇视藏人，不易沟通，为了每十二年一次的朝山，藏政府应允他们的要求，提供给他们所需要的物资，包括毛毯、氆氇、铁刀、食盐、糌粑、丁香、活牛一百头，妇女饰品铁耳环、铁腰圈等，今年也已备齐送予他们。近日，还须供给米及顶上八百余位"生番"人的食物，可他们的巫师仍说，十二年前有数位"生番"人被藏人所杀，他们要报仇，也要杀人。所以双方的谈判，还未能获得和议。

基巧又说，"生番"人以灶为单位，八百多人住于米及顶，再加察隅地区的"生番"人，共达千余名之多。与"生番"人的和谈将继续，若有结果即会通知，大家需再等待两天。在此，我也学会了两句"生番"语：火独拜（哪儿去）、阿丁（肉）。

早就闻听邻近楚水宗有一圣迹，是莲花生大师曾经闭关处，于是决定前往朝拜。其地在米及顶之东面，山势陡峭，由向导引领，爬上一座峻崖，三面环山，崖壁下露一石洞，闻有泉水声，走进洞内见一股清澈的泉水从岩眼中汩汩涌出。洞口外有一低矮茅棚，据说有位红教喇嘛在此闭关已数年，我们未敢上前打扰，便在石洞及茅棚前合十顶礼，礼敬莲花生祖师，也礼敬这位苦修的瑜伽士。

## 三月二、三日　谈判无果

两日来，米及顶的"生番"人又增加至两千之多。地方政府每日招待他们的伙食，即在半干半稀的饭中添上酥油、牛肉、干果子等物。

上午，与堪青一同去基巧处，在指挥所相遇拉萨大贵族米本多德、噶窘娃、桑都昌、医官慈埋巴等人。基巧说，昨日继续与"生番"人谈判，为了保证所有朝山者的安全，必须要他们赌咒发誓不杀人，且要帮助朝山者。但是"生番"人坚持不肯发誓，推说藏政府今年给他们的铜铁器，比十二年前的要差。

晚上，谈判会议僵持至深夜，"生番"人终未赌咒发誓。

## 三月四日　赌咒发誓仪式完成，"生番"人仍要报仇

上午基巧宣布，今日与"生番"人讲定，要他们赌咒发誓不伤害朝山者，仪式在米及顶坝场上举行。

下午，米及顶坝场上高矗起一大旗杆，上挂嘛尼旗，供奉着金刚手及马头金刚像，又在三足架下置一铜盆，内盛半盆牛血。两位喇嘛身穿金丝缎服，手持金刚杵与骷髅宝杖，分别代表降魔除恶的金刚手菩萨与马头金刚，一边口诵经咒，一边跳金刚舞。一旁有喇嘛吹奏法号、筒钦、甲铃等乐器，法音低沉、威严。接着数十位"生番"人挥举着佩刀围绕跳跃，抬出一位年高巫师，在场中念降神咒。继则牵来一头牦牛，巫师用刀砍牛背，牛即仆地，无数"生番"人蜂拥而上，有割牛头者，有砍牛腿者，有劈牛肚者，有割牛尾者，仅半点钟整条牛即不见了，真是惨不忍睹。

最后，饰金刚手喇嘛强迫一位"生番"头目入场，用羊毛蘸以牛血涂在身上，要其赌咒发誓。仪式直至傍晚完成，"生番"人虽然发了誓，但他们说因受迫不得不赌咒发誓，十二年前之仇仍要报，甚至扬言要杀

掉一半朝山者。

## 三月五、六日　从米及顶出发开始朝山

基巧将朝圣队伍组编为三大队，以哉乌康巴人为第一队，西藏人为第二队，桑阿曲林人与不丹人为第三队。并提议僧官走在队伍前面，俗官断在后，前后相互照应，以策大家安全。

基巧又安排"熟番"人为前锋，负责修路搭桥。后紧跟贡香巴代本（团长）率领藏兵五十人、工果士兵四十人保护朝圣队伍。接着是哉乌康巴人，约有千余名。然后是藏人，藏人中又分山南藏人、前藏藏人、后藏藏人。队伍最末为桑阿曲林人及不丹人。每队人数多者，又分数小队，每小队约一百二十人，设领队一名，分队长两名，拥有枪支者皆兼护卫。

我与堪青被安排在前藏藏人队伍中，今由米及顶出发，朝山正式开始。杂日山之路分内围、中围及外围。内围尽是悬崖峭壁，无路可走，杂日山孤峰屹立，天晴时常有红光显现。朝山队伍走的是中围，也是临时开路，遇水搭桥，遇岩架梯，围绕中围一圈，需行走廿余天。

从米及顶南行半日，即达拉古绒古山麓，"生番"人向南行，朝山队伍折向西北方向行。此次朝圣队伍中，有不少西藏贵族参加，有慈埋巴医官、贡香巴代本（团长）、米本多德、噶雪巴母亲喀称仁珠、热振扎苏、门中两兄弟、真尊阿旺结觉、隆子宗宗本、噶窘娃。还有拉萨的"桑都昌""甲本昌""大金昌"及"众沙昌"四大商行经理。还有曲桑夺当巴、功德林寺的却巴色古学等僧人。

午间传来消息，说有不少康巴人及不丹人，抢先已行入"生番"人居住区。后又听说，做开路先锋的"熟番"还在米及顶，正等候指挥所发给足够来回的路粮及建桥修路所需工具等。

## 三月七日　抽签排先后次序

　　早晨天下毛毛雨，贡香巴代本先领藏兵出发，继则哉乌康巴、贡觉康巴人也随后跟进。浩浩荡荡的一千五百余人，分为十二小队，每队一百二十余人，以"桑都昌"经理勇领第一队。

　　门中、俄什坚赞、曲桑夺当巴、基本仓、扎苏伦佐、隆子宗宗本、噶宭娃等一些来自拉萨的朝山者，此时齐聚在一起会议，决定以抽签方式排定先后次序。依过去经验，位于前者为佳，因先出发者先至终点，不易受途中拥挤、阻塞及断粮之苦。抽签结果，基本仓排第一队、堪青与我为第二队、米本多德为第三队、曲桑夺当巴为第四队、兄宗第五队、门左第六队、扎苏第七队、门中第八队。散会后各队整理行装，即向基戈塘出发，此是进入"生番"人区域的第一站。

　　此时几乎所有的朝山队伍都已开拔，唯我们落后了。至于基巧所说的分前后队秩序的计划，难以遵守，大家听说康巴人已抢先前行，于是皆急步跟上。行不久，离米及顶南四里处，道路遭康巴人阻塞，藏人要求康人让路，康巴人不允，无法只好停在路边等候。不丹人及桑阿曲林人原为殿军，见此景乃雇"熟番"引路，另寻他路而行，藏人跟随去者亦甚多，有米本多德、隆子宗宗本等人。

　　我队乃停留于一乱石大坝上。桑阿曲林人迅速搭一桥，渡河西行，至森林中扎营。据熟悉路途者言，渡河可以不翻山，故有人涉水而渡，桥头两岸挤满了人。当晚我们即在此乱石坝上露宿，心甚焦急。

## 三月八日　过一号浮桥，翻新尊拉山

　　夜间，人声嘈杂不能入眠，深夜即起，诵经持咒坐以待旦。

　　昨夜有四十余人准备夜行翻山，但未翻成又退回。天亮后，我队紧步赶上，手攀藤根越过多处险坡，行约二里，始踏入山上正路。接着又遇溜壁，杂日山的溜壁是最险陡的，手无抓处、脚无踩处，亲见有人因藤根忽断，坠于溜壁之下而亡。

不丹人为安全计，改走水路。水路要过数桥，桥是以竹枝简易搭成，极易坍塌。上午渡一号浮桥，走在桥上摇摇晃晃，且每次仅可一人通过，而等待过桥有数百人，故费时甚长。桥之两端拥挤，有数人不慎从桥上落水，因水流湍急，瞬间即被卷走，让人惋惜伤悲不已。

下午翻新尊拉山，上山路况较好，队伍前后次序井然。途遇贡塘扎苏、郎巴色等人，说山上发现"生番"人伺机伤人，叮嘱大家小心，于是有人对天空开了一枪，声震山谷，"生番"人闻声逃走。行至新尊拉山上，树林茂密，山路狭陡，队伍复现拥挤之状。贡觉康巴人在前方堵塞了道路，不丹人另辟山路绕道而行。我队决定选一空地休息，等待明晨一早翻过山去。

夜宿于山地，周围野草高过膝盖。半夜又降大雨，湿冷相袭，度过了难熬的一夜。

## 三月九日　过六号浮桥，竹林中惨案

凌晨五时半即动身，手持电筒翻山。天亮登上山顶，露水加汗水湿透了衣衫，于是烧火取暖，烤干衣服。渐渐上山者增多起来，故又拥挤，不能速行。据熟悉路况者言，从米及顶至此本为一日路程，而我们走了两日，可见速度还是太慢。

翻过山后，昨日先抵队伍仍停止未行，询问缘故，说前路为康巴队伍所阻。堪青不信，乃向前查询，遇十多位贡觉康巴人阻拦去路，好言与之商量无效，堪青乃以手杖击之，贡觉康巴人还击，堪青被击倒于山沟。我上前劝阻，扶堪青起身，不意右手亦中了康巴人一棍，乃急扶堪青远离现场。双方继以石块互掷,郎头为保护我,头上被石块击中,肿成一大包,身上背物跌落水沟中,所拍照片皆被浸湿,甚为可惜。堪青额头受伤流血,慈门古学之帽子亦丢失,于是将事情报告藏官多德,多德召贡觉康巴人究查,无人认错,便斥责几句作罢。此争吵事件实由基巧造成,基巧事先未按计划将人员编队,促使途中拥挤阻塞。且有人举报,藏兵被贿赂藏银一千五百两。事后,基巧提议编队,在渡桥旁劝导康巴人遵守秩序。

行不久后过一渡桥,此渡桥为一座正式浮桥,长约二丈,以木棍及竹竿搭成,应编号为第六号正式浮桥。杂日山内地形错落,水流交叉,不丹人为速行,逢山开路,遇水搭桥,果敢而勇猛,从米及顶至新尊拉山已搭建了四座桥,第二日搭两桥,今翻新尊拉山又搭两桥。然渡河中亲见桥塌人亡,故我对浮桥仍十分畏惧。

过桥后向南行,山嘴中忽见有"生番"人,大家皆起警戒。此地多树林,草长一人多高,极易藏匿。堪青因头部受伤,落伍于后,队伍中体力强壮者多走在前,体弱者落于后,故而队伍常中断。

下午遇一溜壁,呈三角形状,仅靠双手攀藤悬空而过,且视线看不见前后。多个"生番"人站在溜壁顶上,见下面有人经过,即推下大石头将人击落,岩下是瀑流翻滚,若掉下绝无生还之机。亲见前队有多人掉下了深渊,心中惊恐,仍一横心,先用毛瑟枪向山顶急开数枪,歹人闻声逃散。然后带队员迅速攀藤通过,徒弟郎头落在后,被歹人射中一箭,所幸并非毒箭,略作包扎后无大碍。

晚间宿于第七号浮桥旁,行过一竹林,眼前惊现了一幕悲剧,见有五位朝山者遭人砍断了手足,已奄奄一息倒在地上,双眼仍圆睁着,似乎在向行人求救。而我们身上除了沉重行囊,既无药物又无担架,于是急向基巧(藏官)报告,请求救助。又为亡者诵经超度,祈求佛祖护佑他们往生极乐净土,永离这轮回之苦。

## 三月十日　惊梦

　　雨一夜未止，心情仍沉重不已。凌晨，我被一场噩梦惊醒，见有歹徒来袭，便急跃而起，眼睛未睁，枪弹已射出，大家闻声起身，仔细搜查四周，原是虚惊一场。匆忙中不慎将盛雨水之锅打翻了，此水乃是用布棚聚集之雨水，为晨起熬茶所用。故次晨只得取河水拌以糌粑而食，真是沮丧之极。

　　上午走到第八号浮桥，一切尚顺利，大家安全渡过。在离桥东一公里处取河水烧茶，枯枝潮湿不易点燃，耽搁了许久。不久前方队伍又变得拥堵起来，且门中、门左两兄弟皆生病。候至下午，始随康巴人队伍行至第九号浮桥边。第九号浮桥最险，桥身摇摇欲坠，桥下激流湍急，若是失足断无法救。此地树林茂密，遮盖天日。过河时，堪青发现有三个"生番"人躲在树上，欲袭击我们，大家拔枪射击，歹徒跳下逃走。我与堪青、门中先行过浮桥，接着郎头及其他人亦安全通过。

　　过桥后，地形较开阔，河之东岸有千丈瀑布，声响如雷。又见有巴马红花树，巍然叶茂。有两棵核桃树，高达数丈，满树核桃无人摘取。日中行抵第十一、十二号浮桥，此两桥河水不深，仍遇有人落水，郎头、堪青急忙跳下将落水者救起，真是功德无量。傍晚，行抵一乱石坝，见地上有血迹，听闻是康巴人在此地击毙了歹徒一名。堪青建议在此宿夜，我觉得人多总比单独露宿安全，于是续行至第十三号浮桥，与门中队伍会合。

　　果然夜间忽闻惨叫声，众人惊醒，寻声赶至离桥稍远的僻静处，见来自工果的一家五口，竟惨遭歹人砍杀，其状极惨，仅剩一位年轻幸存者，因被砍伤后急潜入河中，故保住一命。据云遇难者是他的父母与哥嫂，众人皆安慰之，并无其他办法，因为我们已深入"生番"人地区，不熟悉地形无法追凶。接着西岸也传来噩耗，有数名朝山者皆被"生番"人砍去手脚而亡，剩一人尚存一息。连续的噩耗令大家惊悚不安，前路还会有更加严峻的考验吗？我心想，或许这是一次生死之旅吧，但无论如何必须鼓起勇气，圆满此朝山之行。

于是大家白天备加警戒，夜晚轮流守夜。

## 三月十一、十二日　竹林中三人遇难，过大溜壁

晨起行过第十三号浮桥，有"熟番"七八人在岸边议论，说"生番"专门在茅竹林里杀人，昨日又有朝圣者十人遇害。他们所言是否属实？大家存疑，乃雇查罗引路，先付给酒资，仍久久不敢行，后有两人大胆，便引导向前。果见竹林中躺着三位遇难者，一个被砍头，一个被砍背，一个被砍去手足。砍下的手臂一只落于附近，另一只不知去向，手臂皮肤白皙，猜想大概是位僧人。众人惊恐又悲愤，乃聚在一起，为遇难者诵经超度。此时又闻前后枪声不绝，愤怒的人群中有人发誓要抓住凶手，为受害者报仇。继续行过竹林，两名躲藏在竹林中的歹徒终被藏人击毙，基巧总管特奖励给藏银一百八十两，鼓舞大家信心。后闻竹林被害者中，确有一位僧人。

夜里大雨滂沱，衣被尽数湿透。天明后行至名叫金兰的地方，又遇一大溜壁挡住去路。此溜壁可谓杂日山第一危险处，形如英文字母M，地形险恶异常，且拦在山谷要隘口，无他路可绕行。唯一通过的办法是靠双手攀住岩藤，空悬着身子而过。为保护朝山队伍通过此大溜壁，贡香巴团长特率领藏兵赶到。"生番"人深恨贡香巴，原因是说他未按地方政府规定发给他们食物，原定每人糌粑一斗，结果贡香巴分给每人半斗，故扬言要杀贡香巴，但贡香巴有藏兵保护，歹徒无法得手。于是他们就等在大溜壁顶上，看见朝山人经过，就砸大石块下去，致其坠下深渊。在我队到达前已有多人遇害，俯视岩下死尸甚多。好在贡香巴赶到，乃派藏兵上去搜索捉拿凶手，歹徒闻讯逃走。我是小队领队，便率队员

手攀藤根奋力通过溜壁，并持枪向山顶空发数响，以震吓歹徒。后面队伍也接着安全攀过，未再有人被害，实乃佛力加被矣。

过溜壁后，行过一片荒原，草长得比人还高。晚间，寻得一块空地休息，大家不敢安睡，警惕坐以待旦。是晚又闻有达隆娃二人遇害。

## 三月十三、十四日　糌粑发霉，周身浮肿

早晨下雨，今日已是进入杂日山中围第八天了，许多朝山者遇害，心情沉痛。凡遇途中有滞留者或受伤者，乃多加照顾，加强戒备，故行走甚慢。

他队中已有断粮，我队虽未断粮，但糌粑却已发霉，因山内湿气太重，又频遭雨淋。且瘴气侵袭，致周身浮肿。酥油已经告罄，吃下去是糌粑，拉出来的也是一样。攀爬山岩时手足多处受伤，故拐棍瘸行，每一步都十分艰辛。下午，基巧安排休整队伍，大部分朝山者皆一身伤痛及疲惫，故休息半天。其实山险尚不可怕，而歹徒的疯狂仇杀，实为可怕。

下午行至一片茅竹林中，此是"生番"人密集居住处，于是有朝山者先向天空开一枪，以示警告暗藏的歹徒。当晚，基巧派来了许多藏兵在此守护，这一夜我们总算睡了个平安觉。竹林中有很多蚂蟥，大如手掌，爬到身上吸血，钻心疼痛。

## 三月十五日　登拉古绒古山麓

堪青伤未愈走得慢，乃在途中等候他。检查我们所带糌粑，仅够四五日之食了。

接着与德庆娃先行一段，途经一片大竹叶林，发现有六名"生番"隐藏于林中，遇一"熟番"，乃急中生智请他去警告那些歹徒，切莫伺

机害人，我们有枪，若敢来犯必诛之。"熟番"前去传话，所幸"生番"人未敢前来，于是我们迅速通过了竹林。我队有位背夫名叫根桑，在经过竹林时被"生番"射中一箭，他们的箭有两种，一种有毒，一种无毒，幸而根桑所中是无毒之箭，仅流了些血并无危险。事发时开了数枪，歹徒便逃去。

中午行至拉古绒古山麓，烧粥果腹。基巧付给一个"熟番"十两藏银，请他去探查前路，接着又派二位"熟番"引路上山。行至第九峰时大雾弥漫，辨不清方向与路径，于是前后手牵手缓缓攀行。经过一片茅竹林，天降大雨，烂泥又厚又滑，众人频频跌跤，故旧伤未愈又添新伤，有人干脆坐在污泥上滑溜而下。下山之路是贴悬崖而行的狭窄小道，需屏息小心而过。又多处遇石壁挡住去路，乃将粗绳索套在石壁上，双手攥紧绳索腾越而过。如此过了两三处，行速甚慢。直至山下有水处，乃烧茶果腹，然大雨仍未停止。

下山后，前面山头还有九小峰。行至第三峰，天已渐黑，门中及巧巴色打算休息，但其地无水，于是乘夜又走了数里，直至有水处，寻得一块平地而露营。平地虽狭小，大家挤在一起，倒也温暖安心地度过了黑夜。

## 三月十六、十七日　翻第四、五、六、七山峰

今日所走之路，是由桑阿曲林人所开辟，路况尚佳。行至第四峰下遇有一河，从米及顶直流至此，继而向南奔去。沿山路向西北行，又见山下另一溪水，由察隅流来。登上第五峰顶，天空突显宽广，望四周峰峦叠嶂，山道起伏，树木渐疏而竹林异常茂密。

继续翻越第六峰，每一峰又有数小峰。行至中午，遇有水源处烧茶吃糌粑。并与康巴人会合，他们循大道之南走河段，据说路况糟糕。下午的路又为康巴人所阻，等候约半点钟之久，始得下山至河边。天色渐

暗，我队向前直翻过第六峰，下山后在河边休息。十数日来均走在康巴人之后，今日赶超于前矣。当晚，桑阿曲林人与我们同歇于河滩。

天明翻第七峰，此山陡峭险峻，山路多被溜壁所挡，须穿两石之间缝隙而过。在陡坡上，有当地人搭的木梯，但并不稳，踏上去有摇摇欲坠之势。

晚间，基巧与藏兵歇在山之南面，我们歇在山北旷地，门中、门左两兄弟也过来同歇，荒凉的山谷顿时变得热闹了许多。

## 三月十八日　当地族人搭木梯，索钱让我们通行

天一亮，沿河滩走在大卵石路上，每一步硌得脚底疼痛，因身体多处受伤，举步维艰，行走甚慢。

中午遇一大溜壁，当地族人沿溜壁搭了木梯，约一百二十级，向我们索收过路费，每位藏银七两五钱，并须付银币。队伍中有人肯给，有人不肯给，为避免再生争斗，我便代为付之，亦属功德事。此处的当地族人已较前面的生番文明了许多。

连续十多天的爬山涉水，体力消耗极大，我的身子肿得越来越厉害，脚底又被竹尖刺伤，血肉模糊，行走时一瘸一拐，且时时跌倒。虽然如此，亦无法停下，只得咬牙忍痛、坚持前行。途中遇拉萨米本多德的朝山队伍，蒙他们热情款待酥油茶，略作休息后继续行路。

下午行至一片竹林，烧茶休息，见前面有用树枝搭建的多座简易桥，那是住于附近的"生番"为方便往返所搭。行至晚上，一路尚平安。途遇一工布妇人，卧倒在桥侧，说被"生番"人所砍伤，我等上前为她做包扎，并安抚之。

晚宿于石峰下，明日将行至甲取吾。

## 三月十九、二十、二十一日　在森林中迷路三天

到达甲取吾之前，经过一片大森林，闻听林内有一座供奉莲花生大师的石曼达，我和堪青带领小队共十一人，决定前去朝拜。

石曼达建在密林深处，高约两人，直径须二三人合抱，是一百多年前不丹国僧王所建，曼达的每块石头，皆从不丹国运来，不知耗用了多少人力。我们在石曼达前礼拜诵经，半小时后欲找水烧茶，却只闻水声，未见水源。林中蔽日不见天空，从中午找到天黑，仍未寻到水源，且又迷失方向，大家又累又渴，只得舔树叶上的水珠，围坐于树下，在密林中度过长夜。

第二天早晨，堪青和我与大家围坐在一起，继续诵持莲花生大师心咒。不久见一道红光射进森林，红光在移动，像在指引方向，乃循着红光方向走去。走了一日，仍未见到水源，大家饥渴难忍，心里有些绝望。

第三天一早，我们仍不断地念诵莲师心咒，红光又现，循着红光直走到下午，终于走出大森林，到达一条河边。大家欣喜若狂，大口痛饮清凉的河水，如醍醐灌顶滋润无比，乃烧茶果腹。远眺杂日山顶，感恩佛力加被，又一次绝处逢生、平安化险！

走出森林后，乃急步追赶朝山的队伍。

## 三月二十二日　至甲取吾

上午到达甲取吾，此地无藏民，住有十七户"生番"人。他们的房屋是用木板、竹竿、竹叶搭建而成，外形呈圆长筒、尖顶，离地面数尺，下面用木柱支撑。见山边坡地已被开垦，栽种旱稻，所用肥料是烧稻秆的灰，且以人力耕田，不用牛马。每块稻田隔年播种，故收获不丰。他们也有农产品出售，如玉米，价很贵，每升三两藏银，且索要西藏银币，

拒收纸币。我们经过时，买了数升。

行至甲取吾沙坝，察隅宗派来办差之人，运来大批糌粑，以救济朝山断粮之人，规定每人一斗。我们的糌粑虽还有，但已发霉，乃由堪青出面，以他高级僧官的面子买到二十斗，每斗仅收藏银一两，发给背夫们，补充了粮食，大家力量倍增。

### 三月二十三、二十四、二十五日　至云来

昨日行于拉古绒古山足。夜宿于一山坡，与桑阿曲林人同住，地窄人多，无卧处，于是围坐着休息了一晚。夜又雨，衣被更湿，苦不堪言，今一早起翻拉古绒古山脉。

行至第三峰，峭壁直立、异常峻险，见山腰炊烟袅袅，那是"生番"人居住区。继往第四、五峰，有两条道可选，乃选定经沙左卡郎，翻雪峰为快捷方式。于是当日翻过雪峰，直至第五峰，便烧茶休息。

第六峰更险陡，且山道被贡觉康巴人所阻，无法快行，于是雇"熟番"引路，抄第五峰小路直取第七峰，与桑阿曲林人会合。日落前行到第八峰下宿息，但无水烧茶，幸老天降大雨，夜间以布棚集水，故有早茶可饮。

饮过茶，沿河而行二十多里，忽闻骡马叫声而心喜，沿途冰雪弥漫，气候变寒，证明已渐渐走近高原大道也。

中午行至云来，有居民约三十户，但能扎营的地方很狭小，先到者先占得地方。我因腿伤行走甚慢，到达云来已无宿处。

### 三月二十六、二十七日　翻拉古绒古山九峰

今将从云来直上，继续翻拉古绒古山脉。

清晨，因山道狭隘而发生拥挤。基巧乃将行进中队伍重新编队，桑

阿曲林人为一队，不丹人及藏人为一队，康巴人为一队。桑阿曲林人勇猛闯先，自开路线而行，至山顶后与众会合。因人多拥挤，山顶滚下大石，不幸砸伤一朝圣者，此为朝山路上意外事故。前行队伍又遇一天然石隙阻碍，仅容一人扶手通过，桑阿曲林人通过了一半，但为藏人队伍所阻，即与德窨娃起了争执。不丹人继至，更加拥堵，大家协议结果，让德窨娃先过。

行至第三峰见有一竹屋，原来是基巧派兵驻守在此，以保护朝山队伍安全。见山下有许多茅竹林，显然是"生番"人居住地方。登上第三峰顶，忽见日出金光，月余来尽在山沟、树林中盘旋，已许久未见太阳，今得阳光照耀，不禁周身舒畅、如释重负。

由此直上第五峰，有两条路可选，我队决定走正路，从山腰盘旋而上至第五峰。途中有人走出极远，有人落在很后，故须时常招呼前后相顾。至第五峰顶，山间有溪水可烧茶，门中、基巧相继而至，于是招待大家酥油茶。茶后大家一鼓作气，直上第六峰。途遇两座溜壁挡路，上面即是悬崖，若是歹徒在此杀人，绝难幸免。若攀以木梯而上则更险，还是决定以双手攀藤根而上。攀过溜壁，道路又为康巴人所阻，因康巴人队中也有许多人腿伤而行走困难，乃雇"熟番"桑结拉引路，另辟蹊径。桑阿曲林人嘱大家轻声行路，恐"生番"人闻声来袭击。

披荆攀藤至第八峰下，不见我徒弟郎头及背夫，乃大声呼之，才知彼等均落于后面。八峰下无水，又饥又渴，只得烧火取暖而已。夜间大雨倾盆，无法安睡。仍用布棚集水，早上便有茶可喝，此乃天降甘露矣。

次晨，循第八峰而下，翻第九峰。天空虽开朗，仍有大雾，又多竹林，一路泥泞且滑。下坡路十分陡峻，无处可驻足，腿力较弱者，干脆顺污泥下滑。

因腿伤无法行走，后乃以藏银二十五两雇得一匹骡子，助我翻野拉雪山。此峰山高雪深，山顶上雪光耀目，刺得睁不开眼。行至山腰，在途中跌了数跤，于是骑骡子而行。

## 三月二十八日　至取桑，朝山圆满

我行至取桑时，腿痛寸步难行，身体浮肿愈甚，堪青寻得一处民屋，暂为休憩一天。取桑有居民六十余户，是一片沙坡，没有农田，糌粑、酥油等食品均靠外地运来。该地为朝杂日山要地，每猴年藏历正二月，众朝山者在此集中。

各朝山队伍陆续到达取桑，隆果基巧也带着他的藏兵候在这里，迎接大家的归来。他宣布，今年朝圣杂日山即到此告以圆满。众人喜极流泪，也带着遗憾和伤悲。朝圣者们合十面向杂日山，挚诚礼敬、深深祈祷。接着相互祝福，又相互告别。有人无法行走的，即在这里养伤数日，也有的就直接返回家园了。故此小小的取桑村人声鼎沸，热闹非凡。

此次围绕杂日山中围一圈，共翻过十八座雪峰，行过十八道山沟，渡过十四条河流，走过十四道浮桥，攀过九座溜壁，穿越数片密林，历时二十四天。蒙佛力加被，有惊无险，安全而归。从中挑战极限、战胜死亡、劳其身形、苦其心志，更增强了意志与愿力。

## 三月二十九日　大戈派人来迎接

从取桑回大戈有四条路，为走捷径乃雇一"熟番"引路。下午即动身，首先翻唐尼拉山。唐尼拉山顶四季阴寒，积雪深处没过头顶，极为危险，闻曾有人翻此山，惨遭雪埋。幸有向导在前开路，一路虽是艰险，却平安通过。接着又翻过哉拉雪山，晚上宿于一块无雪空地上。

连日来遭雪光刺目，大家皆患上眼疾，流泪疼痛且睁不开眼。正在艰难之际，途中有人牵着三头牛来接应我们，原来是尧西朗顿派人带着粮食，从大戈宗来迎接我们。昨日他们已到取桑去接,恰我们去了唐尼拉山。幸而今日在哉拉雪山下遇到,来迎接的人带了很多食物,有包子、鸡蛋等,真如雪中送炭,大家狼吞虎咽美美地饱餐一顿,又发给背夫们酥油与糌粑,大家欢喜不尽。我和堪青高兴地骑上牛,翻过山,又换上马。

堪青要前往巴利寺,拜访登石活佛,我乃先行至拜如宗。村民们闻我们朝山回来,均来看望。有的送面条,有的送牛羊肉,热情慰劳我们。郎头与背夫自己动手做饭,庆幸朝山平安而归。背夫们是藏人,喜欢饮酒,我多多地赏了他们酒资,让他们喝个痛快,也感谢他们一路相助,共历生死。

## 四月一日　在尧西朗顿家养伤

回到大戈宗,山南已是一片春意。我就在尧西朗顿家养伤,一方面筹备回拉萨的行程。月余来身上的衣服、被毯都已脏污破损,乃出资请人帮助洗涤、缝补。又准备雇骡马回拉萨之行,因从大戈宗回拉萨,途中还需翻越数座雪山,行走十余日。

晚间尧西朗顿设家宴款待我们,菜肴丰富,如汉人酒席。席间他取出一块水晶石,光耀夺目,说这是杂日山中围特产的珍宝。可我们在朝山路上,并没有发现。他又告知,杂日山中围之路的开发者,是一百多年前不丹国王竹青的母亲,至今已十多个猴年过去了。过去每逢猴年朝山时,总有少数"生番"人来捣乱,故西藏政府为保护朝圣者的安全,送给他们粮食等物品,倒也安宁了多年,可未承想今年他们要报复,竟害死了那么多的朝圣者,实叫人心痛。

在养伤的日子里,尧西朗顿又与我谈起,关于东本格西与丹达格西开辩论会之趣闻。东本格西为哲蚌寺罗萨林之大格西,声望极高,徒僧众多。丹达格西亦是黄教一位大格西,远播闻名,徒众拥护。两位格西声望匹敌、旗鼓相当。辩论之因由一个"行"字而引起，这个"行"字是谓行为之行，还是修行之行，两位格西各有见解。丹达格西曾写信予东本格西讨论，东本格西引经据典论述，丹达格西持异议。于是摄政王达隆扎建议，由尧西朗顿主持这场辩论会，诸僧众亦翘首以待他们的精彩论述。然事有凑巧，东本格西被法尊法师聘请赴四川，任汉藏教理院导师，故此场辩论未能如期举行，颇使大家遗憾。

## 五月四日　回到拉萨

在尧府住了十七天，我的伤基本已痊愈，于是向主人辞行。感谢他们一家给予我的热情款待与无私帮助，藏族人民善良、真诚、好客，给我留下深刻影响，使我对西藏更增添一份亲切之情。且又让我想起去年在后藏，是詹东公子叔父相助，免费提供骡马，派人替我当差修路，才使我能顺利完成后藏考察，深入至西藏广大地区。

经十七天行程，又翻过数山、行过数宗，沿途朝拜了藏南各寺庙，朝拜了莲花生大师建立的桑耶寺。五月四日，我终于回到拉萨。哲蚌寺的老师、同学及汉藏朋友，见我平安归来，十分欣喜，纷纷前来看望。因为他们很久没有我的消息，听说朝杂日山凶险万分，担心我是否会遭遇不测。

此次朝圣杂日山，前后历时一百零五天，行程千余里。汉人中还没有先例，我是第一人矣。一九六二年中印战争后，杂日山区遭封闭，从此不再有朝山之事了。回忆那段经历，是我旅藏十余年，最惊心动魄的一次旅行，无论时光相隔多久，回忆起来仍觉清晰、鲜活，就像发生在昨天一样！

初稿为一九四四年原始日记

终稿二〇〇七年于洛杉矶整理

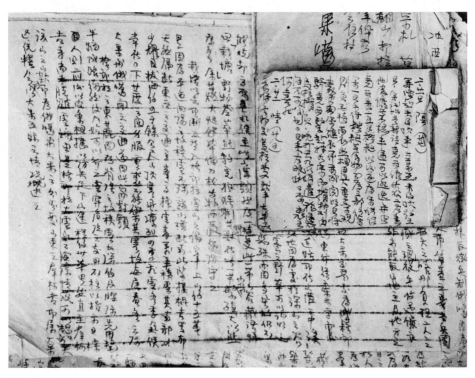

朝杂日山原始日记

杂日山山顶

米及顶上的当地族人

米及顶一位"生番"在射箭

# 藏滇茶马古道纪行，一九四五年

## 一　川滇商人来西藏寻求商机

一九四五年是我入藏的第八年，哲蚌寺的学经已告一段落，通过在摄政王面前的格西辩论，获得了三大寺拉然巴格西学位。当年由太虚大师推荐，作为国民政府交流学者，派遣我赴藏学习的五年期限已过，于是准备束装返川。遇有滇商友人相邀，决定跟随骡帮取道云南，循茶马古道而行。所有经书法物乃托好友吴三立君，先便道运返四川。

时值中国抗战期间，对外交通被日军封锁，国内物资匮乏，许多川滇商人长途跋涉来西藏寻求商机。西藏密迩印度，当时印度工业相对发达，盛产棉纱、布匹及各种民用物资。拉萨有康、滇及京商行多家，如"马铸记""张筱舟""赖家昌""桑都昌""邦达昌"等，多以买卖茶叶为主要业务。又如北京商行"文发隆""兴记""德茂永""裕盛永"等，以销售内地的丝绸、瓷器为主。其中"兴记"资本较雄厚，兼做西藏出口到印度的羊毛生意。

从一九四二年起，拉萨市区又增加了不少新来的川滇商行，如"永昌祥""茂恒""仁和昌""华家昌"等，专门从印度购进棉纱、布匹等民生物资，经拉萨销至内地云南。他们在印度噶伦堡先将大件货物改成小件，每件约五十公斤，由骡马或牦牛驮运至拉萨，路程仅需十余日，因路程短无须防水包装。再由拉萨运到云南丽江，路途遥远，途中需三至五个月，每件货物须用生牛皮包装外面，以防途中被雨水淋湿。

当时每驮棉纱的运费（每驮牛或马限载重一百公斤），从拉萨运到云南丽江算，大约需藏银五百两左右，折合印度卢比约四百五十盾。因商人对藏银需求增大，藏银供应量有限，故每盾印币仅兑藏银一两五不到。

我认识的云南商人中，有三人值得一提。

第一是茂恒公司的经理李和仁先生。他是云南腾冲县人，在参加茂恒公司前，原在腾冲任教书先生，学养甚好。入藏经商后，欲租拉萨望德兴街的房子，此房为功德林寺的产业，而我与功德林活佛系哲蚌寺果芒扎仓同窗，功德林活佛便对李和仁说，必须由我做担保人方予出租。于是我爽快答应为李做担保，并陪同去功德林签约，由此他与我便成了好朋友。

第二是永昌祥的杨汉臣先生。永昌祥是闻名云南的大商行，在各县均设有分行，老板是云南省商会会长严协成，并有云南王龙云的投资，故其资本很雄厚。自从中缅公路被切断后，杨汉臣先生受总行派遣至拉萨，从印度购入棉纱、棉布等物资，运销云南，以供内地民生急需。杨汉臣是云南大理喜洲人，自幼经商，信誉卓著，为人诚恳。他的祖先是明洪武年间由南京迁移南方，闻听我是南京人，故有同乡之情。我每次从哲蚌寺去拉萨，都受他热情招待，有时也在他的商行小住数日，帮他处理文书，彼此很信任。他关照说，若去云南，不必带现金，最好把现金买成卡其布，带到云南可赚数倍之利，能解决你的生活费用。

第三是华家昌的华寄天先生，云南鹤庆人，曾当过康定县县长，后弃政从商，来拉萨经商。一九三八年行政院办事处负责人张威白邀请华先生任其秘书，协助日常事务。那年我在德格求法，第二年与谭兴沛、颜俊三人一起进入拉萨。他俩是办事处工作人员，当时拉萨的汉人屈指可数,大家便都相互认识。

一九三九年,蒙藏委员会委员长吴忠信来藏,主持第十四辈达赖坐床大典,办事处才正式成为蒙藏委员会驻藏办事处,由孔庆宗任处长。成立初期因国民政府颁发的关防未到,华寄天请我篆刻一方驻藏办事处的印鉴,以备临时替用。当时著名的北风社诗人曹穰蘅先生,亦随同吴忠信委员长来藏,并与我隔墙而住。他是安徽人,是诗人又是文学家,曾任贵州省民政厅厅长、新疆民政厅厅长。闲暇时我们在一起畅聊佛学,不久他返回内地,临别赠我诗云:

隔壁朗朗梵呗音,
因君促我出尘心。
太虚弟子知名久,
佛国相会证禅机。

## 二　随永宁总管骡队从拉萨出发

永宁是云南木里附近的一个乡名,其地的头人叫总管,还不能称土司,因土司管辖的地区还要大。永宁总管此次从云南来拉萨做生意,随带骡子九十余匹、骡夫随从数十人,为永昌祥运百多驮棉纱、布匹到丽江去,据闻运费就可赚印币五万多盾。杨汉臣先生特地介绍我与永宁总管认识,并建议跟随他的骡队同去云南,一路上互相有个照应,也可体验藏滇茶马古道上骡帮们的生活,此是不可多得之机会,于是我欣然应诺。

出发前各事皆备,乃去各方辞行。先去摄政王达隆扎活佛处,摄政王书写了一封信,托交蒋委员长,并赠送一尊鎏金长寿佛为他祝寿,嘱咐我带去重庆面交。

次去功德林活佛处辞行,活佛赠我咕噜咕哩佛母像一尊、文殊菩萨

邢肃芝当年在西藏随身佩戴的噶乌（护身符），大盒内装有功德林活佛赠送的咕噜咕哩护法像，小盒内装的是绿度母佛像

金像一尊、胜乐金刚密宗古铜佛像一尊，总重约三十公斤。我的朋友詹东公子命人为我编织了羊毛藏毯及毛毯，以备云南途中御寒之用。噶厦首相索康汪钦，也送我西藏坐垫两件，这些礼物我准备一起带往重庆。

藏历八月三十一日（国历七月十三日）晨，跟随永宁总管的骡队从仁和昌出发，经过望德兴街，适值早市，观者如堵。来送行的人很多，有云南商人杨汉臣、李和仁、李子芳、王子光、张秋圃、杨绍如、杨正辉、牛正昆及驻藏办事处的同事刘桂楠、吴三立，电台工作人员颜俊，还有梦参法师等二十余人。大家直送到拉萨河边，摄影留念。

时值夏季，河水漫涨，拉萨河两岸距离宽阔，所有人与货物皆由牛皮船载渡过河，骡马习水，则泅水而渡。骡队中有永宁总管及总管的随从、兄弟，还有同行喇嘛、骡夫等总共二十余人，携骡马九十余匹，当日行至蔡里。

晚住宿于蔡里扎仓。蔡里近拉萨，是来往必经之路，曾记一九三八年进拉萨时即宿于蔡里，去年朝杂日山时也宿于蔡里，此为第三次宿蔡里。此地草料甚贵，乃将骡马放牧。从蔡里远望布达拉宫十分清楚，三大寺亦隐约可见。蔡里居民不多，而差税甚重。当地的西藏贵族有古桑子、薛刚，还有上下密院、喇嘛向寺。以一小小蔡里乡，负担如此重之差税，真担忧百姓的不易啊。西藏的土地，大部分为贵族所有，一部分为各大小寺庙所有，一部分为政府所有，剩最小一部分才为自耕农民所有。

夜里十一时下了大雨，直至天明始止。晨起整理行装，骡夫们熟练地把货物驮子安于牲口背上，固定系稳，一切准备妥当，总管发令起程，于是骡队出发。

## 三　滇康藏大道骡队络绎不绝

近年因国内抗日战争，滇康藏大道上内运的货物络绎不绝，尤以运往云南的激增，故沿途经济呈活跃繁荣状。计每年由拉萨运丽江之棉纱、布匹，约有三千驮至五千驮。若每驮运费以印币五百盾计，达二百万盾之多。云南商人不能随身携带如此多资金，大多由云南经黑市汇往印度，每盾印币官价仅五元法币，黑市则高达五百元法币。西藏发行的纸币不多，因求过于供，故藏币币值节节上涨。中印之间并无政府规定汇率，全由民间兑换决定。

总管仅有骡马九十余匹，何能载运永昌祥一百余驮之货物，其办法就是沿途增雇当地骡马，故给沿途村民带来一些生意。相比起数年前，我初由西康来拉萨时所见之萧索冷落，现在平添了不少生机。

中午行抵德庆，是离拉萨最近之县，临近拉萨河，水陆交通均畅。行至此地，回望不见了布达拉宫，不禁伫立河边久久，心中祈祷：

愿藏传佛教弘扬光大、利益众生，愿布达拉宫、三大寺，护持佛法、永久昌盛！忆去年来德庆时正值藏历正月，遍地白雪。时光飞逝，瞬息变化，我多年前入藏时，曾在此健足，今离藏又在此健足，不觉往事如昨矣。

途中遇见由云南而来的滇茶驮队，绵延数里，约有数百驮。闻听西藏每年需进康滇之茶数千驮，滇茶又名驮茶，为西藏的大众所喜饮，康茶为富有的西藏人所偏爱。西藏经营康茶者极多，因获利最稳。康茶经牛皮包装后可贮存数年不坏，且越久越香。而滇茶不同康茶，并不需牛皮包装，滇茶由缅甸经印度运至西藏，因缅甸邻近云南，故运费较低。近年因滇缅公路被日军阻断，于是滇茶多由西康运藏，运费虽高些，商人仍有利可赚。

下午二时，行至八角溯西边之大草原休息，大家先将骡马放牧，然后四处找寻牛粪，准备炊食。西藏牛粪有两种：一种是牦牛粪，个儿大、火力强，是藏人最喜欢的燃料。另一种是犏牛粪，烧起来有味，火力也不强。拉萨附近村民将犏牛粪运到三大寺出售，每袋可售七两五钱藏币。

用石头垒起做灶，中间用树枝架个铁锅，于是煮水烧茶，香喷喷的酥油茶拌着糌粑，这是高原旅行中最方便、最受欢迎的饮食。饭后大家便去搭帐篷，以便歇宿过夜。永宁总管是个瘾君子，鸦片烟灯需要避风，故独占一帐篷，其他人则分住各帐篷。不料晚间大雨，我的帐篷被雨水冲塌了，只得卷起半湿的被褥，搬入他人帐篷避雨。

闻听在西藏旅行常会遇盗，匪徒多在夜间趁人熟睡时行刺抢劫，但仅发生在荒无人烟之地，邻近拉萨倒不易发生。故凡在荒原行走，骡队中必携带武器自保。总管在永宁也属一位豪强，在他随行中有三只藏獒护卫左右，还有几个神枪手。听说他打过很多次仗，树敌不少，现正有一帮土匪，伺机在藏滇途中要暗害他。他将此事告诉了我，又提醒大家，一路上要警惕，多提防。

藏滇道上的驮运商队，1945年

## 四　骑骡瘸腿，衣履湿尽

九月二日，天已大亮仍未有起程消息。听骡夫说，因昨夜大雨骡马背上湿漉未干，如果驮上货物，行走时货物与骡背摩擦，必致骡背脱皮肉烂，故候至十一时乃起程。

乘等候空隙，步行至八角溯村，翻一山嘴至甘丹寺背后，见有一个西藏邮站。所谓西藏邮站，不过是一个很狭小之石室，内可藏邮件而已，常置于路旁，邮差将信或邮件投放在内，无须任何安全措施。

行过三个山嘴，所骑的骡子一步一瘸，行走艰难，不忍见其痛苦，乃下骡步行。总管见我步行很久，让我乘其从印度所购之马，我知此马来自印度美军剩余物资，是准备送予云南王龙主席的，便婉言谢绝了。坚持步行至桑都小村后，查知骡之瘸腿，皆因后腿未钉掌之故。高原长途驮运的骡子必钉马掌鞋，并且每行数十里马掌鞋还需更换，否则骡蹄破裂，便无法行走。

桑都小村仅居民七八户，总管派人去打前站，安排住宿地。离开桑都不远天又降大雨，衣履尽湿，十分狼狈。我的英国马靴从不漏水，亦为雨水所浸，买自印度的洋雨衣毫不挡雨，狂风一吹已将它撕成数片。在西藏高原旅行，尤逢夏秋雨季，天气变化无常，忽晴、忽雨、忽下冰雹，只有穿青海出产的毡衣及毡帽，才能防雨又防冰雹，因宽大的毡衣能连人带坐骑都披盖上，实是西藏旅行必备之物。多年来我也积累了一些旅行经验：将毡衣及毡帽卷起来装在布袋中，布袋约一公尺大小挂在马后，用时十分便利。雨伞一柄套于步袋中背在身后，其他如风镜、手表、不易摔破的水瓶等都是极需要的。拍摄后的胶片最好能自己冲洗，否则要行数月后到了印度、成都或昆明才能冲洗，所耽搁的时间太久。可惜我的好些底片因途中淋湿，结果都报废了。

夜里继降大雨，不久即停止。在高原见每次降大雨之前，天空先显白练一条，由天至地犹如巨蟒，旋即下雨，百验不爽。总管派去打前站的人，因天黑风雨交加未能赶回，故失去联系，经打听悉知是我们队伍中一位色拉寺僧人矣。

## 五　骡群印象

次晨早餐后，乃将马鞍子备好准备起程，忽然小雨霏霏，候至九时小雨始止。

行往高山上为骡群摄一影。见骡马鱼贯而行，走在最前面的是头骡，耳旁竖有一面小旗，随风飘扬为开路先锋，颈间挂一大铃铛，为同伴们发出指令。头骡并不负重物，在其后面跟随背负重物的骡群，一步一行以头骡为领导。西藏骡群少则十几匹，多则数百匹，均有一领队的头骡。如遇虎豹野兽来侵袭，骡群会将其围在圈中，群起以后腿攻击之，因而虎豹无不害怕。而牦牛则不如骡群，牦牛驮着货物漫山遍野地走，如遇石隙，喜寻两石之间挤；如见树林，专选两树之间钻，故所驮货物容易损坏。但牦牛有一特点，若翻雪山骑牦牛最为妥当，因牦牛腿短，足蹄呈裂开状，故踩雪不滑，无有断腿之虑。如遇河流，牦牛也能泅水而行。

在藏滇高原，用骡子运货更受马帮们的欢迎，故骡子的价钱要贵过牦牛许多，此系高原旅行的常识。

行过墨竹工卡后天渐晴朗，转而烈日当空。墨竹除产泥茶壶、花盆外，能烧制绿色琉璃瓦，如拉萨之"宇托桥"及布达拉宫乾隆御碑亭，均在清代由墨竹烧制，墨竹附近还建有几座古代汉式建筑。

行走四小时过了江龙雪噶，骡队还未打尖（休息），骡夫们乃呛声打前站者，为何走得如此之远。打前站者说，因为这一带都不见草地，又无售草料之村庄，人走累了不要紧，骡子可不能没有草料吃。故高原旅行者，总以考虑骡马草料来选择打尖或驻息地。

永宁总管从云南带来一百五十匹骡子，他的骡子买自四川建昌，个儿大且体健耐劳，但较之青海出产的骡子又差一级。青海的骡子个头高大适宜骑乘，西藏人极为喜欢，故每家都有两匹。总管到藏后卖掉了数十匹骡子，现在只剩下九十余匹，总管叹曰，若是本钱小，实没法做驮运生意。

下午行至一个小村庄休息，向村民购得鸡蛋数十只，以慰劳大家。这些鸡蛋存放时间已很久，估计村民们舍不得吃，蛋白均已蒸发，仅剩下蛋黄。

村庄主人牵来两头骡子说要出售，询问价钱，说每匹要藏银四十二平（藏银每平是五十两，此是清朝旧制），四十二平藏银则合两千一百两，合印币一千四百盾，实在太贵，买卖没成。总管说，我有骡子九十余匹，若以此价计算，岂不拥有十余万印币了。

## 六　年轻的"古扎"庄主

昨晚休息之地名"扎巴雪喀"，村庄主人是一位年轻的"古扎"（贵族名），头顶梳有发结，但无小金佛盒，衣服也显得破旧。庄主夫妇忙于村里庶务，介绍说该村年产青稞仅三十门，这实在是很低的产量。我每年在藏生活所耗超过三十门，而且我住在寺庙中，房舍是免费的。由此而知，此村是贫困的，每见在拉萨的贵族非常阔绰，但在乡村有些虽为贵族却过得很节俭，还有不少人是借贷生活，此为我旅藏多年之见，不是凭空捏造。

入晚，庄主夫妇来我帐篷探访，见我躺在被褥上看书，羡慕地说，汉人生活真舒服也。我为他设座，并敬以纸烟，该君甚喜吸烟，连抽了三支。近年西藏政府有禁烟令，但拉萨市上仍充斥着各种纸烟，有蓝炮台、三五牌等。因贩卖纸烟利润丰厚，且西藏地处荒寒，烟民甚多，故禁烟令虽颁而不能实行。噶厦在中印边界竹摩设有一关卡，商人从印度贩进纸烟，皆向守关人贿赂，便得以放行。

该村种有莴苣、萝卜，还有鸡蛋出售，总管吩咐购买一些改善伙食。于是伙夫以云南火腿炒莴苣，鸡蛋做汤，萝卜分给骡夫们当水果享用，大家美餐了一顿。骡队每至一村，极受村民欢迎，因需购买大批马草和马料。马草便宜但马料却贵，西藏不产黄豆仅有黑豆，每门黑豆时价十一二两藏银，自藏滇公路上驮运骡队增加后，每门要藏银十五两。如果骡马没有黑豆喂养，即无力坚持长途驮运，故骡队在途运中的开支并不少。

数日来以今日早餐最为丰富，因昨日在村中购得牛奶、鸡蛋，而且还有馒头之类的食物。见馒头不禁忆起年少时江南的美味，现入乡随俗多年，已爱上了酥油茶的香醇。拉萨人早晨多数喝几杯酥油茶再外出，至中午回家才食糌粑，我也慢慢养成了此习惯。

早饭后行路五小时，途经格桑庄、巴洛庄而至仁进里。此地为入藏久经之地，曾遇德盛祥商人从云南丽江来藏经商。闻听今年入藏的滇商已达百余人，滇商分水客及住商两种，水客来藏，秋后即返；住商则会长住，拉萨有云南会馆等好几家住商的居处。西藏边境对滇商入藏并不阻拦，而对中央政府所派公务人员由西康或青海黑河来藏，却多阻挡。

今日因将骡子放牧远处，查点数目少了一匹，于是派人至远处高山上找寻，结果找到了，耽搁时间不少。总管提醒说，过崩打后查瓦绒一带尽是山地，沿途无草料可购，需将骡马放牧至很远之高山，走失骡马是途中常事，有时会因找寻骡马耽搁数日之久。

从拉萨东行，一路少见有用西藏纸币者，一百两纸币难兑换到七两五的零钱，更难以兑换到铜元。据我所知，藏政府所发行之纸币约有三百万两，大多通用于前藏、后藏和中印之间及山南等地。藏东一带则渐趋不通用了，而多用铜元、藏噶（也是银子所做）、三两或一两五之银元及汉地流通之银元、白银。尽管噶厦政府发行纸币定有严酷之法规，如若有人拒绝用纸币则被罚砍手或削足，但在藏东直至昌都，人们仍多拒用纸币。

## 七　歇宿荒原

数日来歇宿于荒原，走过山麓、嘛尼堆、佛塔、山寺、乡村，举目四望尽是峭拔的群山和广阔的牧野。路边有一块石头上标刻着六十七公里字样（大概是指此地与拉萨的距离），我在数年前经过时，还未见此标识。记得去年旅行后藏，从江孜归来正值冬季，孤身行走，一路担心遇盗匪，今随骡帮数十人同行，可以放心地徒步了。

入夜风雨交加，帐篷被吹得摇摇晃晃，气温突降十多度，终夜难以入眠。次晨风息雨止，红日高照，乃先步行一个时辰，待身体稍觉暖和后方骑上马。高原的早晨异常寒冷，虽穿皮裤也不能抵御，若早骑马则会冻得四肢僵硬。总管请我为他摄一影，背景是草原和骡群。旅藏多年我也从未骑在牛背上照过相，便也照了一张，以作纪念。

总管说此次从拉萨去云南丽江的旅程，大约需走三个月，如骡马无损伤，即是赚了钱。为减轻骡马负重，今日在途中雇用了牦牛三头，用来驮运永昌祥之重物。

一路上遇见不少云南水客的驮队，大多运载着云南驮茶。便上前询问内地的情况，他们告以内地物价暴涨、民生困苦，但人民均有信心，坚持抗战，中国必胜。还告知此番入藏经商，边卡通关顺利，藏人甚为欢迎等，听后心中甚感欣慰。滇藏关系这几年来良好发展，藏传佛教盛行于云南，木里大喇嘛寺在当地人民中享有极高威望。大喇嘛去拉萨弘法时，慷慨熬茶布施僧众，三大寺每位喇嘛均分得大洋一元。丽江、阿登子等地居有汉民与藏民，建不少藏传佛教寺庙，且信众众多。当时青海省是穆斯林当政，西康省是刘文辉当政，两地边界时有冲突发生，因此西藏政府很关注康藏和青藏两地之边防。

行六公里至乌苏江，乌苏江地处要道，差役繁重，故居民逃离甚多。下午细雨纷纷，在如多之西歇息，该地距工布巴拉山很近。此山位于拉萨与工布江达之间，山势平坦绵延十数里，光秃裸露，瘴气甚重。夜宿于荒原，突降冰雹，大如石子，气温顿降，遍地皆白霜。想起拉萨也有降冰雹，但神奇的是达赖的花园罗布林卡内，却从不见下冰雹，据说若降冰雹，护法奈穹神失责则会被革职。

冰雹停后明月当空，而夜深寒气更重，四顾萧然寂静，虽有藏獒守护，却也不闻其叫声。如此寒冷的荒野之夜，辗转难眠，胸中不免生起感叹。自我年少起结缘佛门，立志访求密法报效国家，虽路途艰辛，心不生苦乐，劳形苦心更磨炼意志，增益慈悲。今入藏学习期满，藏南藏北各地皆访遍，冀望他日弘法利生，为雪域尽献一份贡献。

## 八　永宁总管的故事

数日来夜宿荒原，为防盗匪大家未能安眠，乃与总管闲聊往事。总管告知，彼少年时曾入云南讲武堂受训，讲武堂原系清末培训新式军官的学校，知名的校友有龙云、卢汉、朱德、叶剑英等志士。一九三〇年，总管曾任讲武学校滇军教导团营长之职，后因战乱流亡至四川，因龙主席推荐参加了川军，并任副官。近年因父亲去世，于是离开军营，袭承父亲永宁总管之位迄今。总管尚有报国之心，曾经请求龙主席拨发枪支，驻守滇缅边土。

昨日永宁总管接到家乡来信，言其家人已数次被惊扰，总管甚感不安。他本是性情中人，在家乡好打抱不平，得罪了地方大土司势力，仇人欲寻机报复。此次总管来藏专心经商，也为避祸，不想再插手地方事务，在拉萨已与索康噶伦订立了合作约定，由索康负责西藏境内货物运转，由总管负责云南境内货物运转，如此大家都获利平等。于是总管决定，等骡队行抵崩达后，只身轻骑先行，以避开仇家。

听闻永宁总管的故事后，乃知其亦为军界老前辈。此次由西藏返云南，他的仇家闻风他赚钱回来，欲伺机途中劫杀，好在他已得到消息，并做好了准备。

行十公里已至葱木拉山，此山荒漠凄凉，周围数里没有人烟，只见黑帐篷二三座，路标示八十八公里。黑帐篷是牧牛娃的栖身之处，用牦牛毛织成，较布帐篷坚固耐风雪，拉萨三大寺殿堂外，多挂以牦牛毛编织的毯子遮风挡雪。山野牧牛娃也多以此裹身保暖，他们居无定所，放牧的牛马或数十或数百，逐水草而迁移。山坡上成群的牛马多数为西藏贵族财产，牧牛娃每日需交纳主人规定的产量，如酥油若干克、奶饼若干、奶渣若干、酸奶子若干等。若逢夏季草料丰沛，草肥牛壮，则牧民收入还好；若逢冬季草料缺乏，牛奶产量下降，牧民就要发愁担忧；若遇牛马死亡，更会受主人重罚。

闻葱木拉山因其荒凉，是盗匪出入之地。永宁总管的骡队有十九人，携带有步枪八支、卡宾二支。总管说，在西藏境内因信仰佛教，故少有盗匪打劫，但在云南崩达一带，则匪徒较多。为防不测，他已通知家乡，增派多人携枪前来接应，请大家放心好了。

下午行至工布巴拉山之尽头，沿途多嘛尼堆，四周雪峰连绵。山麓中有溪水，渐流渐阔，骡队沿溪流而行，直至鹿马岭。溪流北岸有一村庄约十五户，附近农田里的青稞发黄，已届收获期。总管进村购得两条牛腿，以飨大家，众人饱餐了一顿。

晚间宿于一片草坪上，让骡马享受着肥草饱食。周围有很多树木，路标示一百一十二公里。按西藏规矩，旅行者可取用这些天然燃料，不必付费。于是大家砍伐枯枝，点燃火焰，仅二亩之大的小坝被篝火映得通红，不觉度过一个漫漫寒夜。

## 九　工布江达宗

翻过工布巴拉山后，即直奔工布江达宗，一路上见树林茂密，水草茂盛。江达又称工布江达，为康藏要道，北连嘉黎，西临墨竹工卡，东南接林芝，属西藏一块膏腴之地。且气候温和，雨水充沛，五谷丰产，尤以盛产优良木料著称，有取之不尽之源矣。

工布江达在前清时代称太昭县，在赵尔丰及尹昌衡为川督时代，均主张此地划归四川管辖，意在牵制前藏势力。工布江达住有前清汉人遗族数家，曾受过良好教育，精通汉、藏语。数年前入藏时，我曾在西藏邮局遇见过一位前清汉人遗族，其子女均已与藏人通婚，早融于藏民一体中。

工布江达紧邻大戈宗山南一带，是西藏盛产青稞之农业区，称是西藏的粮仓、木料仓及各种果品来源地。工果的酥油价格相比拉萨便宜很多，工果之木料运销拉萨，皆用来做学校书桌及汉人所用之家具。故当时拉萨不仅有藏人木匠，还有一位汉人木匠，专做汉式家具。因地理优势及物产丰富，这里的居民较富有，服饰也与拉萨稍有差异，每个妇女手中皆搓着羊毛线。工布织的哔叽在西藏颇为有名，拉萨三大寺喇嘛，除少数穿得起英国毛呢缝制的喇嘛衣，多数穿的是由工布哔叽所缝制的。我穿的喇嘛衣即是由工布哔叽缝制的。

工布江达也是前往波密之要道，波密的语言与藏语略有不同。清末时波密曾独立，昌都驻军统领罗长奇率军讨伐之，没有制止，于是四川总督赵尔丰领兵从硕般多驰援之，乃降服波密，并遵清帝之命将波密地区交于达赖喇嘛管辖。

山南一带交通尚闭塞，多年来英国人以印度为据地，威胁利用，得寸进尺地侵略西藏。曾占据大吉岭，后夺取哲孟雄（锡金），更在西藏江孜驻军。藏人虽察英人侵略野心，但因畏惧武力，噤若寒蝉。国民政府派有不少公务人员援藏，但无兵力，且集中在拉萨一隅，少有人往边区调查，诚叹惜也。

数天来我们的骡马仅吃草，没有喂食豆料，必须在江达补充饲料。于是和总管一起去采购，共购得糌粑、酥油、黑豆九驮，糌粑价每斗九两，黑豆价每斗十四两，酥油价每斤十五两，合计藏银一千一百两。总管虽有骡子九十余匹，但为节省畜力，打算雇当地牛马驮运至拉里（嘉黎旧称拉里）。可当地人不愿受雇，因江达至拉里是短途，要派一人同往，然后将骡马牵回，费力不划算。如若运棉纱、布匹往云南，一则运费高，二则可载货返藏，当地人是极愿意的，故而藏滇沿途可谓是牛马成群、骡队成行，很是热闹。

江达宗宗本名叫那隆机却。宗本是一个肥差，除粮税为固定收入外，还有木板税、酥油税、过桥税，名目繁多。连骡马过桥，也要收骡马税，每头收藏银三钱，约计每年有一百万次骡马经过江达桥，实是一笔可观收入矣。总管对我说，江达税还不算高，尚不如云南阿墩子之地方税，凡进入维西县者，每匹骡马竟要收税二十法币，高于江达多多。

## 十　金达以东的险路

九月十三日夜间下了小雨，晨起草地湿润，抬头见白云缭绕于头顶，随手抓之，了无一物，此乃高原之景，也证明其海拔之高。

金达在一百三十二公里处，系西藏驿站。从金达往东，沿途树木郁葱，河流纵横。从一百三十公里起行过十公里平坦之路，山道变得异常险峻。行走的路是开凿于悬崖边的古道，一边是峭壁高矗、阴风阵阵，另一边是深渊万丈、不见崖底。只闻深谷中水流狂奔、声响如雷。突然传来打头的骡夫几声尖锐的嗖哨，又扯开粗嗓猛吼数声，声震山谷，一为大家壮胆，二为提醒对面来往者尽早让道，以免"狭路相逢"。骡队安全地行过悬崖险道，虽然惊魂未定，还需警惕前方未知的危险。

行三公里遇一山溪，沿溪而行。山溪渐渐变宽，峰峦起伏错落，路越走越窄，数次险临深涧。山沟中又遇一条溪，溪面宽阔，水流湍急，虽架有一木桥，但很不稳固。数年前入藏时，也曾路过此处，因泗水渡溪险遭淹没。此次总管先泗水而渡，水漫及脖子，总管轻松地说，在水中行走，不觉水流湍急矣。途中木桥甚多，凡山溪汇合之处均架有木桥，简陋且不稳固。行至金达遇一座较大的木桥，长约七八尺，并已倾斜。我们有九十余匹骡子，只得每次过三头骡子，花费了好半天才全部渡过河去。

过桥后总管遇俩同乡，系由云南运茶来藏，一名叫查硌隆，一名叫强左。同乡赠总管云南火腿两只，拟请总管介绍认识拉萨的永昌祥杨汉臣先生，洽商代销茶叶及驮运等业务。我乃帮忙速书一函，吩咐交与拉萨杨先生。

晚间天降大雨，帐篷漏水，寒风瑟瑟，牲口因风雨太猛，失惊而叫唤不已。晨起雨止风歇，骡队继续向北而行。山路起伏不定，沿途更多悬崖峭壁，令人胆战心惊。行于栈道之上，更担心马腿太细，万一失蹄即会滚下山崖，于是紧攥缰绳牵马而行。走了许久，人马皆疲惫不堪，直至午时，终于休息于一山沟之中。周围有居民四五户，地名榜巴村，听闻有牛马可以雇用。

九月十五日夜里降霜，气温不知降低至零下几度，晨起见四周一片银白。雇来牦牛十头，每驮运费三十五两藏银，言明运至嘉黎（拉里）。凡重物均由牦牛驮运，其中多是永昌祥之货物及我的行李。骡夫们十分关心骡马体力，担心途中倒毙，故晨起喂食时，多喂些糌粑、酥油，据说可使牲口体力增强。

骡队继续向北而行，离大道沿小道，希望寻找草地以牧骡马。今日见到一片草原，便准备歇脚放牧，可走近后发现草地上的草早已被过往骡马食尽也。途中遇很多骡帮，时时让道方可免拥堵，故行走甚慢。从拉如寺至甲措约十三公里，新雇之牦牛驮队已向前行去，派人去追，赶牛者说退回非易，最好明晨在前面等我们。

午夜醒来，思虑旅途中潜伏的危机，颇为不安。昨日总管家乡的友人带来确实消息，过崩达后有匪徒埋伏路边等候总管，叮嘱总管多加防范，最好勿让匪徒认出是他的骡队。总管也做好了准备，在行囊中藏有冲锋枪二支、步枪、手枪多支。因他曾是军人，手下数人枪法极准，与他历经过大小战斗。总管劝我也佩带把手枪自保，我拒绝了，因我是出家人，不主张斗殴，心中祈祷佛力加被，化解他们的仇恨。

九月十七日晨起，小雨蒙蒙，旋止，即又大雾迷漫。山沟里青草高及脚踝，骡马饱食后遍山奔跑，开始以为有野兽追逐，后经观察才知，因草肥而马欢也。道路泥泞不堪，加以乱石纵横，骡马行走极慢。上坡之路弯曲盘旋，下坡途中遇一上行的茶商，只能让道以免发生争执。行数里后至甲措，路始变为平坦，昨日前行之牦牛，仍在此地等候我们，地名称常多。

从甲措前行三公里，沿途荒凉，草木不生，山石裸露呈红褐色。山间有黑帐篷数座，按由拉萨到昌都，有所谓"穷八站富八站"之说，今日所走之路，即为穷八站之开始。午后一时，天气陡变，忽降大雪，骑在马上冻得发抖，只好下马步行，稍觉暖和。

当晚歇息之处，约在一百八十五公里左右。深夜漫天大雪，飘飘洒洒，转眼像给大地披上一件白衣，古语云"凉秋九月，塞外草衰"，可在西域高原不仅草衰，且大雪纷飞，寒气逼人。幸毛被甚厚，我卧在雪窖中竟一夜安睡，不觉寒冷。

## 十一　翻群达拉山、格达拉山

九月十八日翻群达拉山，山高海拔五千公尺，阴麓较阳麓为陡，山有二峰，第一峰在五千尺之高空。我先步行至山下，换骑骡马至山腰，又下马步行直抵山顶。同人们在山顶"放桑"，点燃一种青松树枝，燃烧时有香气，同时诵经念咒，祈求山神保佑旅途平安。这是西藏人敬畏自然、礼敬山神的风俗，不可不遵。

下山途中，遇从盐井而来的三百余匹大骡队，骡夫们身背廿余支枪，有德国毛瑟四支。所幸我们已抵山下，若在半山相遇，恐因拥挤而生争斗。

九月廿日，天色阴沉幸未下雨，否则必将增加途中困难。晨起骡队出发翻格达拉山，此山山势险峻，积雪甚深，且空气稀薄。从半山至山顶约五千公尺，行不数步便觉头痛脑胀、胸闷气短，又恐骡子力竭而倒毙，只得勉强步行。从阿咱海畔步行至二百零六公里处，始骑上骡子，可骡子缺氧也不能疾行，故行数步即停止不前，总管吩咐以鞭打之，我恐骡子倒毙，终不忍，乃直步行至第一峰。

在山顶可以遥见阿咱海尽在眼下，四周雪峰连绵，万年屹立，皆是水之源头。位阿咱海东南方可见一方牧场，据云该地出产珍贵的冬虫夏草。

行至格达拉山之第二峰，更觉高耸入云。雪水致山路泥泞，每走二十步即觉气喘窒息，必小憩少时，此时连永宁总管也觉头昏不支了。

终于到达山顶，从山顶下行，道路弯曲盘旋，较上山更陡。幸沿途有人工修建的石栏杆，直修至山足，可作扶手。但石栏杆长久风化未修，大多塌陷变为石片，或为雪水所冲走，或为骡马所践踏。总管连声叹可惜，大赞此峰风景太美了，让我为他摄一影留作纪念。

下午忽然彤雪密布，雪花厚密致对面不见人影。顷刻冰雹大降，继又降雪，不五分钟雪深及踝。四顾白茫茫一片，更令人着急的是骡马的草料找不到了，装糌粑的驮包也不知丢落何处。至夜，又降大雪，山顶积雪更深，所有帐篷、卧具均为大雪所覆压，身体亦埋在雪中，动一动竟发现身下还有人埋得更深！连爬带滚地好不容易行至一百三十五公里，乃在半山腰一荒僻之处，倒地歇息了。

晨起雪止天晴，起身抖落被褥上的积雪，约五寸余。原来昨夜露宿在雪地里，头部用雨伞遮挡冰雪，身子用棉被裹着躺在雪堆中，倒也不觉冷，因高原降雪多数无风，故能安眠。起身后，始觉两臂隐然酸痛，谅为寒气入侵所致。西藏的朝圣者们随处而安，山洞、荒原皆是卧处，遇到村落便乞讨充饥，自己此次随骡帮同行，与他们比起来已属奢侈了。

下午之路泥泞难走，又遇西行之骡队约有五百多匹，故下山之路十分拥挤，驮运货物很多散落掉地。每一位骡夫要照顾多匹骡马，身背枪支子弹负重数十斤，整日起早贪黑，无休息机会，晚间还要放牧、照顾骡马，还须防御途中各种危险。故骡夫们莫不唉声叹气、愁苦不堪，他们是高原路上最令人同情的苦难人群了。

## 十二　拉里宗

傍晚行至一方草坪，距拉里很近了，即放牧歇息。拉里是牧区，属藏北管辖，在康藏道上是大站，总管即派人前去购买酥油、糌粑、黑豆、牛肉等食物。我们所雇用的牦牛也行至拉里为止，从拉里东行必须另雇。

晨起走失骡子数匹，派人四处寻觅，直至中午尚未成行。又需雇驮运牦牛，虽有承运之人，但须请示拉里宗宗本批准。拉里宗宗本属布达拉总堪布所管，差民运输所得收益也需交纳主人。拉里有居民四十余户，黄教大寺一座，有活佛一位、喇嘛一百五十位。拉里属高寒区，农产品极少，居民所食糌粑皆从江达运此，故居民皆以畜产品交换生活必需品。江达一带青稞已届秋收，而拉里之青稞仅寸长，可见其地域寒冷。

我们所雇之牦牛经请示后，宗本认为应将所得驮运费全部交纳，这使承运人无利可得，故不愿承运，乃由宗本承运。我们在村里仅购得黑豆少许、白菜一捆。

途中遇一位拉里老乡，问有无货物出售，总管答有骡一匹要卖。因前日途中遇一匹走失骡子，此骡既无鞍也无辔，见有大帮骡群乃自动走进我们的队伍中，数日来既不离去，也无人查问。故总管欲卖之，索价藏银廿五平，买主查看骡齿已老，交易未成。拉里人又问有无汉人丝绸出售，藏人最喜爱南京织造的丝绸，四川织造次之。同行中有人出示紫色缎子多方，索价每方藏银六十两，拉里人出价五十两，买卖又未成交。

多年的高原旅行中，我深深体会到骡夫最辛苦，因此也学会了自己管理骡马及驮卸货物。今日在我们骡夫中少了一人，名叫格桑，他原是返俗喇嘛，在拉萨有妻室，此次受雇赴丽江，因不堪途中之苦，故不辞而别。其余的骡夫大多是永宁总管的奴仆，纵然再苦也不敢逃走，他们终身为奴，除死于战场外，无一可逃离。

今日所走之路较平坦，谅可赶到鲁贡拉雪山山足。但从二百二十二公里至二百三十四公里间，有一站甚为荒凉，途中除见一二座黑牦牛帐篷，四面皆是雪峰。鲁贡拉雪山名声甚大，系阴寒之故，其实山峰并不甚高。

## 十三　翻鲁贡拉大雪山

本拟天未亮即翻鲁贡拉雪山，但天降大雾，六尺外不见人影，乃延至八时始起程。

鲁贡拉雪山又名西大雪山，海拔五千米，群峰万年积雪，绵延阴寒。山中溪流纵横，水深处约二尺余，且流速湍急。沿途见有牦牛帐篷二三座，帐外有拴牛马木桩，同行估计此二帐篷，约牧有牦牛四百余头。行至一百三十二公里处，遇见两位由西康运川茶入藏之茶商，称赞今年沿途茶帮较往年多，一路行至鲁贡拉山顶未遇有抢劫之事，甚感幸运，等等。

行至鲁贡拉雪山山顶，乱石纵横，深浅莫测，积雪深处竟没过头顶，若不幸踩入雪窟中即性命危也。不意正当我探路时，竟一脚踩进深雪处，顿时整个身子埋入雪中，幸亏身旁同伴奋力相助，得以爬出获救，实乃大难不死矣。以我翻雪山之经验，选天气晴朗日甚为重要，若遇风雪交作，人畜不死者几希。去年总管来藏，有一张老先生偕行，惜因风雪太大而被埋于山顶，故茶马古道上，有去而无返者历历可见。

从鲁贡拉山下坡，一天时间不能走尽，从山顶至山足长约十四公里。第一天行至一百四十公里处歇息，地名为多洞。第二天继续从鲁贡拉山下行，沿途悬崖峭壁，山道崎岖。当地人用木桩铺地，上盖以树枝，再和上泥土，即修成道路。行至一百五十二公里处，道路渐平坦，又行四公里便歇息。

鲁贡拉山足下有两湖泊，相距不及五公里，湖面如镜，倒映出蓝天雪峰，美如仙境。我们在湖畔摄一影，以作纪念。

在我们队伍中有八位喇嘛，除我而外还有一位格西。西藏人习惯每至一地，放桑诵经，求神灵保佑。晚间，骡夫们忙于照料骡马，喇嘛们便承担起放桑诵经、卸下驮物的工作。日前所雇牦牛不愿在此休息，且骡马也不宜与牦牛同牧，因牦牛性好斗，每以牛角顶触骡腹，无不立毙，故每见牦牛接近骡马，即以石块驱赶之。于是派一位喇嘛，随所雇牦牛前行，另找休息地。

翌日，行途中遇香城娃多人，均裸露上身，面貌凶蛮，逢山路险狭处，我们骡夫即将骡马赶一旁，让他们先通过。在清末时，川督赵尔丰欲改土归流，曾亲率清兵强攻香城与稻城喇嘛寺，使其归顺政府。继行五六公里，遇两队骡帮约三百余驮，在狭谷间相持不下，而视线又各为树木所挡，乃互相高声吆喝免致相撞。我们将骡马拴在道旁避让，后来探知来者均为芒康娃。

行至一百六十公里处，山路即平坦，下坡后见所雇牦牛已在路旁等候。一路顺利行至甲贡，扎营于已收割之麦田中，见一捆捆的庄稼由木棍撑着晒于半空中，这是藏人的习俗。总管在驻地购得羊一只、鸡蛋数十枚，此为数十天来最丰富之晚餐了。

## 十四　找寻失马

同行私下里均祈祷途中不要遇上抢匪，今晨起身也特别早，日出前即已赶到了阿拉吉。阿拉吉在一百七十一公里处，其地域西南紧邻原始森林，途中树枝纵横阻挡行路，只得牵马步行。行至山岭，俯视山下河流，悬若万丈，莫不心悸。

三日来气候尚温和，独今日下午刮起大风。高原的旋风极可怕，可将人畜卷入空中，且风起骤然，致无法躲避。若迎风而立，即刻头昏脑胀，骡马会嚎叫不已。

骡队行进速度时快时慢，原因皆系于骡马。每过大草原虽利于放牧，可骡马四处奔跑不能控制，甚至有跑出十里之远。昨日便是，今日更糟，骡夫来报走失骡马六匹，且均为骑骡。总管即派人去寻找，数小时后始寻得所失骑骡,乃鸣枪多响,集合队伍继续前行。

下午沿涧而行,道路险狭,皆为悬崖万丈不忍下视。总管的骑马走失了,直至下午仍未找到,据当地人云,本地从未失窃过骡马,因山地起伏不易发现,藏于山背亦极可能。于是派多人去寻找,仍未寻得。总管派人去喇嘛寺求降神,并请喇嘛代为寻找,因丢失的是他最喜爱之坐骑,所谓失之坐骑恐为不吉之兆,故总管万分焦急。我便安慰他,若能静心待之,必会化险为夷。

隔日,派去问卜之人归来说,该马绝不会丢失,可于山后寻之,因山后有条路通黑河。当地宗官亦协助查寻,并通知边坝县及拉里县共同找寻。

总管真是祸不单行,昨日遇见他逃失的一个奴仆,现投身为云南中甸地区头人之骡夫,而将其刺伤,今日三个中甸人身佩毛瑟枪前来找总管,斥责总管刺伤他们的骡夫,致使他们遗失一驮货物,要求赔偿。总管答应赔偿,须到丽江后交出该逃奴,对方不答应,争执不下。

为寻失马,得郎吉宗之协助,通知各地头人加急寻找。未中午有当地头人竟找到了该失马,仍独立于山后草坪上也。总管自然欣慰,我也庆幸可以继续前行。俟后证明该马之失踪,确系窃贼所为,观马足有绳子绑勒之痕迹,且马腹空空无人喂过草料。估计实系追查太紧,窃贼才被迫放出。找回失马,总管为犒劳大家,购得一羊为众人加餐。

当夜正逢汉历八月十五,想起远隔万里的家乡,不禁抬头东望,怀念久别的母亲和亲人。

## 十五　翻夏贡拉大雪山

从阿拉吉前行,见已收割的麦田一望无际,西藏因气候关系或因肥料不足,习惯将已收割之农田弃耕一年,任其荒芜,到第二年才播种,故农田虽多，但产量不高。

从阿拉吉以东即渐渐上坡，已接近夏贡拉大雪山。山足有一寺，名降哉寺，庙顶金光灿烂，建筑宏伟，禅房栉比整齐，显见是一富足寺庙。寺中有一活佛、喇嘛数十人。据云活佛道法甚高，会降妖捉鬼，所捉妖鬼关在一个个坛罐中，存放在大殿上，犹如后藏萨迦寺然。

夏贡拉雪山系康藏天然分界处，被史书称为"入藏第一险"，是茶马古道必经之地。夏贡拉山山顶称"鲁贡拉岭"，海拔六千余尺，终年积雪。其山道崎岖，气候无常，冬则冰雪，夏则泥沟，上下盘旋无法乘骑，皆须拄杖而行。若遇风暴，寒冷刺骨，甚者缺氧窒息而毙。

夏贡拉山是藏名，译为东大雪山，汉名丹达山，因在山之东麓有一丹达神庙，故名。庙中供奉丹达王的塑像，白面黑须，中等身材，明朝的装束。据《卫藏通志》记载，这位神是江西人，姓彭名元辰，是康熙十八年的云南参军。因受军命，押饷银赴西藏，时值隆冬，在翻越丹达山经过山顶阎王碥时，突然风雪大作，将其人马埋进了雪窖中。次年雪融，见彭参军仍骑在马上，栩栩如生。当地人民敬他精忠不朽、以身殉职，乃奉为丹达山神，凡过往者，皆敬祷之。

翻山前一日，在宿歇处雇到牦牛十数头，每头付藏银十两，并索收燃料费及各种杂费。从驻地至夏贡拉雪山山足的察罗松多约七八公里，上坡下坡见有一较大之村落在山沟中，前去购得糌粑、牛奶少许。下午天忽大阴，并降雨，我们沿山沟向东行，在三百一十公里处歇息。同行的格西捐出自备之茶及酥油，熬茶布施每位，大家尽情而饮。

翻山之日，天未亮即起程，我因昨夜被寒风所袭，乃觉身体不适。途中遇比我们更早出行的众多乌拉牦牛，经打听是色拉寺甲绒格西阿咱巴登之乌拉，闻阿咱巴登格西已被派为康地堪布，此时正前往就任。

从察罗松多行两公里，即见夏贡拉雪山。雪峰千仞矗立，极为雄伟，若仰视定会落帽矣。遇冬季雪山冰封，要翻越极其艰难，夏季则稍易。

以我的经验，无论冬夏赶上好天气最为重要。

记得我一九三八年入藏时，是由夏贡拉雪山东麓翻越至西，今由山之西麓翻越至东。多年前翻山那日，阳光普照，风平雪息，故未中午即行抵山顶，并作一律诗以为纪念：

咏丹达山（藏名夏贡拉山）

丹达雄险世间希，
孤峰独峙万山低，
俯视深渊雪万丈，
仰攀星斗云作梯。
四时不绝凌花舞，
朝暮均闻兽猿啼，
最险还是阎王碥，
隔绝万古甥舅谊。

自文成公主下嫁吐蕃王后，直至民初，甥舅之谊中断也。

今再过夏贡拉雪山，也许是天神护佑，天气依然晴朗，无风无雪，骡马缓缓翻山，一路得以平安。至东麓山腰有数村庄，多年前未曾见过，谅系新建，亦为荒山增添了生气。总管感叹说，凡遇不吉之事，总觉心神不宁，数日前失马便有此感，今日平安翻过夏贡拉雪山，心情竟如此舒畅。我亦感同身受，此乃佛力加被也。

翻过大雪山后，有一总管的同乡加入队伍，引导骡马前行。他告知最近云南边境实行了禁烟，凡见种植的烟草均被武力铲去，故与彝族发生了冲突。总管与凉山有过交往，问我是否同往一游，然我实无往游之意。

在驻处遇新任北平雍和宫札萨克的色拉寺甲绒格西阿旺巴登，闻将由重庆转北平赴任。札萨克是蒙古语，系蒙古官职之高级职称，西藏沿用之。

## 十六　翻巴里噶陀山

晨起又走失骡子一匹，乃四出寻找，结果远在两公里之外寻到。时已日中，人马均困，且总管身体不适不能启行，乃在边坝寺附近休息。边坝寺有两个扎仓，一曰色拉，一曰哲蚌，有喇嘛二百多人，均信奉黄教。宗本是一位贵族，住在寺内。

边坝宗有居民卅余户，种有青稞、蔬菜等农作物。据古志称，边坝四野辽阔，气候温和多风。民俗擅长歌舞，凡遇过客，妇女三五成群为客人献歌载舞，然后索取小费而去。

今日起身很早，准备翻巴里噶陀山。从驻地过一桥向东南行，是一片平原，路亦平坦，唯多风。至三百五十公里处遇洪盛祥茶帮，集体伫立在草坪，等候走失的两匹骡马。行至三百六十公里处，即是巴里噶陀山山足，因人困马乏乃熬茶休息。巴里噶陀山上积雪甚深，狂风骤起，吹得人瑟瑟发抖。在山坡上见有三五个波密藏人，身佩长刀往来巡视，开始怀疑他们是匪徒，乃警戒之。一伙儿，有许多喇嘛簇拥着色拉格西到达，众人皆去顶礼，方知他们是护法。波密地区之人民，大多敬奉红教。

休息后继续翻山，上行数公里，山顶风更强、雪更大，每行一步气喘力竭，人畜疲惫。据翻过此山者云，在此冻死的过往者甚多，故众人称此地为"鬼门关"。下山之路亦陡，虽有林木但沿途尽见红土暴露，色如火焰。至夜间风雪仍不止，寒风侵肌，全身瑟瑟，此为离拉萨四十余天来，途中所未遇之艰辛。

西藏所发行的一百两大钞，在旅途中因缺少辅币难以化用。今需购买农产品，费尽唇舌，农夫乃勉强接受纸币，最后差额以一只木碗补足，但农夫言吃亏，因木碗仅值五两藏银，仍不足抵八两藏银。

## 十七　巴里郎—硕督—紫驼

晨起，走四公里下坡行至巴里郎，此属农耕区。托同行罗桑购得一克多酥油，乃熬茶施众，为大家驱除旅途的疲劳。

由巴里郎东行即上山，山中林木繁茂，行至三百七十三公里处登上山顶，骡马已疲惫不能再行，有五匹骡子无法驮货物，需雇牦牛代驮。因途中缺料又缺草，是故骡马力竭而声嘶，此系高原旅行中最忌之事。我向总管提议，到紫驼后休息一日，让骡马恢复体力。

夜又降雨雪，衣履尽湿，雪水浸湿被褥，致终夜难眠。山沟中仅有居民二三户，求售青稞、酥油等物，付以西藏百两纸币，可村民无小票找还，交易未成，于是增购食物，不须找零，交易才成。

晨起又翻山，至山顶为三百八十公里处，天降小雪，气候不甚冷，路亦平坦。半山见两村庄，并有一座不大的喇嘛寺，寺庙坐北朝南，依山而立，颇为庄严。连日来翻山，走得脚踝红肿疼痛，乃骑上骡子直至硕督。

遥瞰硕督，田连阡陌，村庄星罗棋布。此处气候温和，农产丰盛，是昌都与拉萨间重要地区。交通亦四通八达，南通波密、东往昌都、西至工布江达。清时，清军曾在硕督驻扎戍卒，以便控制南部波密，与工布江达相呼应。硕督之农产如酥油、糌粑、猪肉、蔬菜等，不但可供给本地所需，还可供给驻军。硕督宗本曾是我在拉萨认识的一位朋友，因途中不宜耽搁，故未去拜访。

从硕督至紫驼，沿途稍为平坦，向东行约七公里为山嘴尽头，过一桥即是往紫驼的大道。沿途中，喜见片片开垦之麦田，两山之间几无荒野。紫驼可分为两区，紫区属拉萨管辖，驼区（功德林所属之区）为西藏政府所管。途中遇两位甲绒喇嘛，他们随同广法寺堪布一起步行赴西康，售我凤眼菩提佛珠一串，正可为途中修法之用。

在紫驼住了一日，把骡马放牧至较远的草肥之地，把它们喂饱也是头等大事。农夫们来兜售酥油，每克十一两藏银，购得十多克归。晚上每人一碗酥油茶，这是高原旅途中强身御寒最受欢迎的饮品了。

## 十八　洛隆宗税卡

离紫驼行过八公里，沿途见有许多村庄。山嘴之尽头为洛隆宗，其地被称为藏东的粮仓，气候温和，雨量充沛，盛产青稞、小麦等农物。居民众多，建有大喇嘛寺一座。

噶厦政府在洛隆宗设有税卡，过往骡马商队均需缴税，而且税银不低，川茶十驮抽税一驮，布匹每驮抽税卅两藏银。税官为哔当代本，由他负责向政府缴税，每年约缴税数千平。行至税卡，总管以他经验，先送礼给税官，然后请求免开包检查，结果税金少缴了三分之一。

清朝有戍卒驻洛隆宗，其地所产粮食均供给昌都驻军，昌都驻军最后一任统领为罗长奇。辛亥革命成功后，四川最后一位省主席王方舟曾在昌都做过参谋。

通过税卡，骡队在洛隆宗未停留即向东南行。约七公里至三岔路口，路口地势狭窄，两侧均为山谷，道路险陡，直行至日暮乃歇息。

## 十九　驻藏大臣石壁诗

数年前曾路过昨夜住歇地，记得一石壁上刻有清康熙年间驻藏大臣乌斯使者保泰一首题诗，但未及详读其内容。我将此事告知总管，总管提议前往寻找，于是我俩步行至四百二十二公里处，此地林木青翠、风景秀丽，又前行一公里，果见前方崖壁上有几行诗文，诗曰：

四山环匝密如林,涧底奔泉送远声。
松映云光悬画轴,岚开晓色挂铜钲。
忘机野鹜犹耽水,炫眼闲花不识名。
遮莫陬隅证蛮语,聊将好景记经行。

乌斯使者保泰题

保泰是清乾隆五十四年至五十八年所派驻藏大臣,以副都统衔领藏事,其时为驻藏大臣权力最盛之时代。保泰是蒙古正白旗人,后因廓尔喀之乱被革职治罪。据说此诗是他退休离藏前亲自所题刻,文思横溢,字体雄浑,我当场便把题诗抄了下来。

半小时后,骡夫牵来两匹骡子,乃跨上骡背继续前行。不久至山麓,又翻一山,密林中多松杉,下坡长达三公里。途遇嘉玉桥,桥身以三根巨木做梁,上铺木板,再布三合土,长约五米,横架河上。过河后,骡队驻息于北岸已收割之麦田中,并为骡马购得黑豆及草料,草要二钱藏银一把,豆要五钱藏银一升。商贩说若在冬季,草价则更贵,且不易购得。

当地有一神殿,殿门上有汉文匾"护佑中外"四字,询问当地村民,乃悉该神殿即关帝庙,为前清驻藏戍卒所建。在拉萨功德林附近亦有一关帝庙,我曾去礼拜之。此外在后藏昌都及洛隆宗等地皆建有关帝庙,可见当年清军驻藏时,也把这位"武圣人"请到了雪域边关。上千年来,关公是中国儒、道、佛三大教派的崇祀神祇,在民间关帝信仰与格萨尔信仰互为融合,成为汉、藏人民共同的精神寄托和道德楷模。

## 廿 麻利山—麻利村

自藏历八月三十一日起程离拉萨,历经五十天的行程,今已渐近藏滇交界之地域了。

十月十八日，日出后起行，此地日出较迟，日落较早。骡队沿怒江而行，四周高山围绕，足下急流奔腾，即是当时身处之境。怒江上游发源于唐古拉山，下游则是萨尔温江。行一公里后上山，山名麻利，汉名红山，因山石皆红色，如火焰状，此山实系瓦合山之延续。山路十分险狭，行过一峰，有四匹骡马已力竭不能走，乃将骑骡驮载货物。步行至最高峰，可窥见昨日之路，屈曲盘旋如蜘蛛网。山腰有不少梯田和房舍，估计这里农民生活大概可以自给吧。

由山顶下行，沿村询问求购草料。据村民云，村中所备草料，皆为迎请帕巴拉第十一世转世活佛到达时应用。帕巴拉活佛为昌都强巴林寺大活佛，传承可追溯到明朝，清朝顺治年间获"呼图克图"尊号，在地方上信徒众多，深受藏民崇敬。

麻利村有出售鹿茸、麝香、狐皮、豹皮、猞猁皮等山货，但价格超过拉萨一倍多，难以成交。房主人殷勤招待我们，欲出售糌粑、草料给我们，并帮我们雇驮牛。当晚有一村民来兜售糌粑，言明不收纸币要现桑松，于是随行格西以理晓之，说明西藏政府有法令，凡藏人拒收纸币者，处以断手或削足之极刑。村人听后乃接受了纸币。

告别了麻利村，又进入数里森林，下山后渡两溪水，见山沟中有农田，地名为帕塘。帕塘再前行，需雇牦牛自驮燃料，因至长杆坝一带，再无免费木料可烧。总管估计此次途中所耗运费巨大，无利可得，颇为怅然。

## 廿一　查瓦绒地区一崩达

夜宿于帕塘，晨起骡队沿溪而行，总管及罗桑两人先我前去打理。途中遇多位北平商人，内地商人选道从云南进藏，这是较为快捷的路线。

前面有一大村，名播雪，从播雪前行，渐趋上山，翻山后即属查瓦绒地区。查瓦绒在地图上为一狭隘地带，连接波密及察隅等地，居民约五千户，分三宗。此区不用西藏纸币，所雇驮运燃料及糌粑之牦牛，到此已不能继续过境，需换查瓦绒人驮运，看似地区限制颇严。

翻山时已届中午，山虽不高，但山顶积雪、杂树阻碍，行走费力。向东望均为荒秃不毛之山峰，冬季必是冰雪所封。山下牧草原丰盛，牦牛数十数百不等地悠闲吃草，此草原皆有主人，若过路骡队未得主人同意，是不能放牧的。当地居民尚武，幼童亦佩刀，此乃查瓦绒地区之风俗。噶厦政府收缴了当地人民所有枪械，反致盗贼泛多，行路人多携枪自卫。

第二日行至查打俄塘一带。此为一荒蛮高原，寒冷多风，骡子畏惧寒风，多咆叫，藏语叫"打俄"。路经大草原纵横百里，牧有极多之牛羊，牛毛帐篷依山沟整齐而建。行约五十里至温泉附近休息，温泉虽热气蒸腾，却无人入浴，皆因天气太冷，且无避风处。夜晚宿于一片荒原，将货物围起做墙，紧靠"围墙"露天而卧。不料半夜风雪大作，寒气刺骨，牛马畏寒风而咆哮，藏人称为"马笑"。晨起身，视衣被上一层厚厚白雪，胃腹隐隐作痛。闻又有三四匹骡子被昨夜风雪所冻，困于途中。

十月廿五日，由查碴上行，翻过二三山嘴，骡夫指远处之雪峰曰，该地即为崩达。总管决定今日赶至崩达，乃在河边烧茶，略作休息。茶后沿河边翻山，山势不高却奇冷，行数里又翻过两坡，即至崩达。

崩达在山沟平原中，居民有七十余户，房屋多为平房，比西藏其他各地整齐、宽畅。崩达是西藏与云南商道上重地，属畜牧区，人民收入较好，生活资源靠两地供给，一是昌都，二为云南。当时有数家云南商行在崩达设有分号，如"茂恒""永昌祥""马铸记""仁和昌""协树昌"及"德和昌"等，在此运转货物，并经营云南茶叶，销往拉萨各地。崩达有黄教寺庙一座，昌都噶厦（地方政府）派有行政人员驻守在此地。

抵达崩达后，驻息于草坝中。大家以为总管家乡必有多人来迎接，却无一人。殊不知来接的乡友，已在崩达等了两日，因未见，遂将数驮粮食、蔬菜留于茂恒离去。当晚这顿晚餐丰盛极了，有鸡肉、米饭、蔬菜等，自踏上藏滇之旅五十余天来，最美味一餐也。

骡队在崩达休息一日。晨起，我与总管往茂恒早餐，会晤友人李泽道君。又赴永昌祥拜会尹君，受热情招待一整天。他们早接到拉萨友人通知，在此等候我们已久，总管为驮运事务与他们洽谈了许久。

## 廿二　盆多—芝贡

离崩达时天蒙蒙亮，友人们还在睡梦中。骡队沿河而行，遂进山沟。途中遇从札夷前来之藏军甲本，押运着日尔且一带之军粮，因昌都之军粮皆由查瓦绒及波密一带地方供给，故沿途多见运军粮之乌拉，浩浩荡荡，甚为壮观。

行约九公里已中午，前方来一人手牵四匹牲口，说是来接迎总管。总管见之高兴万分，原来是总管之侄，名悦西，因恐崩达地区草料昂贵，故运来草料接济。他说从今春三月起已来等候，终不见，故由崩达返回札夷，今又从札夷前来，所幸途中相遇。

行数里即至盆多，此地气候温和、环境甚佳，沿河有居民四十余户，四周农田遍布。按理说西藏富庶之区乃在山南，因山南在喜马拉雅山之南，日照时长，雨水充沛。从拉萨东行两月，至盆多方见富庶之乡，不禁脚步亦轻快许多。由盆多过桥东南而行，沿途不少村庄，气候非常温暖。芝贡的居民有八十余户，有数座喇嘛寺傍山凭险而建，威严壮观，寺内有喇嘛五百余人。因时间匆促，憾未能前去参拜。

下午路遇一骡队，打听他们的头领原来是旧识札西。我在拉萨曾认识札西，他是个资深的骡帮头领，常年往返在滇藏道上，合计往返云南与拉萨有十二次、往返印度与西藏七次。此次他承运永昌祥货物四百驮，沿途除自备骡马外，多雇用短途骡马，这是精明的计算。从拉萨至丽江共七十站，每驮运费需藏银七百两，而骡子一匹价值藏银二千两，故短途运费较自备骡马更便宜也。

总管所承运货物有三百余驮，除一部分随身驮运外，早已派人押运往丽江许多。但沿途中仍存储了不少货物，又因雇人驮运太贵，乃用自己骡马往返驮运。为等候骡马返回，总管宣布在芝贡休息一日。

长途运行的骡马，因驮物日日摩擦，极易骡背溃烂，且烂背须数月之久方可痊愈，故主人多不舍以好骡马承运重物。高原上每个骡队，皆有可怜的烂背骡马。今日所骑即烂背骡子，不忍骑它，只得牵辔而行，行不远即休息矣。

晚间运货之骡马均已返回，计有一百零五匹之多。

## 廿三　宁远—尼玛隆寺

数日来每夜降霜，晨醒来犹如卧在雪中，拂霜而起，寒冷彻骨。不由感叹骡帮们常年风餐露宿，历经艰辛，若无强健体魄，真不能坚持也。

每日行程，骡队头领必先了解沿途驿站，安排合适歇息地，若走得太久，骡马必疲惫甚至倒下。晨行五公里至宁远村，此有村民五十余户。房屋隔河依山而建，河上有一桥横跨两岸，是唯一通道。总管把承运货物寄存于宁远村，并派人看守。

沿河继续南行，村庄逐渐增多，同行者言，此处颇似云南农村之景。又行十余公里，行过一山嘴，十分险陡。是夜就在山顶住宿，一夜北风刮，大雪纷纷，山上山下白茫茫一片，颇有"长空雪乱飘，江山尽改颜"之景。闻听山中有一老僧，八十余岁，闭关已廿余年。过去有附近村民供给粮食，后因大雪路阻，无人送粮，乃绝食。总管数年前曾往拜访之，说现仍健在，今若不是大雪封路，我必欲访之。

雪后行于高山深谷之间，遥望四周，彤云密布，仅见黑压压一片。沿途之山岳，高拔险陡，颇像杂日山景色，唯缺飞泉、森林而已。日渐西下时行过尼玛隆寺，见寺院高高地建在山顶，周围尽是羊肠鸟道，走得足底生痛。我们穿过山腰，行至札朵乃驻足歇息。札朵之草料、粮价均贵，糌粑每升三两藏银，草料亦每把三两，若以每人每日糌粑二升计算，骡队每日开支浩繁。闻听从查客隆至德钦县一带更贵，每人每日需花费两元多。

晚间有客至，即前日为总管驮运货物之喇嘛，系查瓦苏拉（木里山）人。为免遭仇家袭击，总管托他前往打探消息，此非本地人不能胜任，故盛情款待之。然总管何以与贡噶人结下此仇，余尚不明其详因。

翌日，循山谷及河沟而行，山道跌宕起伏，故每遇上坡则上马，下坡则下马。领队的前骡已烂背，故对其特别爱护，看病骡双足无力，如能勉强走到丽江已是庆幸矣。

下午到达休息地，地名萨，小村居民不多，总管在萨暂存待运之货甚多，乃加以清点，发往阿墩子两批。我的货物已先后至萨，一驮由札西运去，另一驮则托悦西运去。

## 廿四　布根—札夷

东方未白即起程，晨间空气清新，人畜均精神饱满。去岁朝杂日山时，曾连续步行廿多日，今准备步行一整日，深信双足必能胜任。想藏滇茶马古道上的骡夫们，赶着牛马长年步行，虽有骡马却也不能骑乘也。

走了多时，突发觉挂于骡背上一把印度晴雨伞，不知遗失何处？此伞在拉萨购得，伴我西藏旅行多年，今突失之颇感惋惜。

沿途循河前行，先过一桥，其地名山桑，林木十分茂盛。但桥建得简陋，骡马过桥时晃荡得厉害，只能放单骑过桥，故耗时甚久。行二十里至布根，沿途村户遍布，已无虑匪劫也。骡队在布根购得鸡蛋、勇麻、大麦等食物。布根的气温偏寒冷，因地势较高之故。在布根住宿一晚，晨起后循半山鸟道而行，因心疼骑骡烂背，仍牵辔步行。

行约廿余里，中午抵札夷。札夷是滇藏边境一要站，受西藏管辖，噶厦派有行政人员麦马本在此管理。滇藏商行在此驻有永昌祥、仁和昌两家。村南有座格鲁派大寺，麦马本即住寺内办公。总管因生意关系，拟往拜访他，但直至下午仍未能成行。

我们先去永昌祥用午餐，殊不知菜肴丰盛，有六碗六碟之多，按理札夷地处山谷，并不出产蔬菜，多系由察隅运来。席中有青椒、腌鱼、腌肉、水果等，这些食物在当时拉萨也算稀有。午餐时有位汉商曹君作陪，他经营山货驻札夷已十多年了，每年到沙地亚备货，故熟知沿途地理情况。蒙其告知，英国人在邻近沙地亚修建营房及机场，从札夷经察隅至沙地亚之沿途驿站为：

札夷—虎立地—实铁（渡澜沧江，过溜索）—通信支卡—札香—以堂笑—至脱—木叶—业笑—苏吉—金古—当播—察隅宗—曲江（过溜索）—松古苏嘛—举脱（无人居）—五龙（又名乌郎，有居民五户，中印交界处有英军驻守，约英军三百人修营房及机场）—棋地（高山上居住着珞巴族人）—沙地（有商户）—康地—司令公（珞巴人居住区）—浪古楚柯（河边）—当岗倒伤—纳拉—阿瓦拉张—头罗里（有电台调查入境人员，报告沙地亚总部，此有公路至沙地亚）—地里（此有驻军）—巴亚巴尼—亭布—沙地亚。骑马可行至乌郎，步行可至地里。每年九月从察隅起行，雇背夫每名工资约一百卢比。

乌郎位于中印边界，有中英文石刻界碑，中文刻着"有朋自远方来"，但不知刻于何时。沙地亚之货币，可用藏银换卢比，西藏所产麝香及猪鬃在此价格甚高。札夷汉商也有从印度运纱布到丽江，其办法即从沙地亚购货物，雇人背至西藏察隅，再转运至丽江，运费较之拉萨省，时间较之拉萨快。在札夷小贩处，见有西藏南部之竹篮等物出售。

我们从查打行至札夷，终于走出阴霾狭隘的山沟，忽见天然横断山嘴，顿觉天空开阔明朗。在地图上视之，札夷以南地区划入芒康，然本地仍称查瓦所拉，乃为查瓦绒地区也。

到达札夷后，骡队需停留五六日，因为寄存在崩达沿途货物甚多，须等各处货物集中后乃能前行。晨起，将骡马发往各站去驮运，多日来喧哗之声骤减，趁闲暇片刻，乃往四处走走。途中遇丽江商人何君，其原为武汉一汽车司机，因收入微薄不足养家，经由云南同乡人担保，乃获准入藏经商。闻他明日将起行往拉萨，于是托他转交拉萨好友信函，以报平安。

望藏滇路上来来往往、川流不息的骡帮队伍，又经历了两月来风餐卧雪的高原行程，不禁想起驻藏大臣保泰的诗，云：

> 五更骡背满靴霜，残雪霏霏草树荒。
> 身在景中无句写，却教人比孟襄阳。

晚间，有押运骡夫来向总管报告，言有一匹病骡不能行，乃将之卖得三松八元。总管连呼可惜，盖昨日有人出三松一百五十元而未卖。骡夫继说一路山势甚陡，他们由巴根村前行，即翻拉朵山，拉朵山崖危险万分，途中又病死一匹骡子，云云。

晨接何君来信，报告已收到货物二百一十驮，但在永昌祥之货物中，有一包内装破衣石块，疑被人调包窃之。总管闻之殊惊，我也很担忧，因我的第三包货物中，有西藏摄政王致蒋委员长的信及礼物，绝不能遗失。乃急嘱悦西往晤麦马本，追查该包失窃情况。

总管备了厚礼去见地方官麦马本，除礼貌拜见外，并商谈借款及运货一事。麦马本当即允借三松银元五百元、驮牛二百匹，以石榴、花红、桃干、核桃等干果土产还礼，并招待午餐。麦马本见总管从印度买来之美国手枪，甚是喜欢，乃求购，总管索价二千三百三松银元，谈好在丽江取款。当时三松银元在丽江价甚高，每枚值法币一百五十元。麦马本还有卡其布多匹，托总管在丽江出售。

## 廿五　翻梅里雪山

梅里雪山又称木里山，号称西南第一大雪山，数百里冗立绵延，终年冰雪不化。北段称梅里雪山，中段称太子雪山，南段称碧罗雪山，此为藏滇边境骡帮们极惧畏之途。

两日来我们已行至碧多，碧多在最高峰之彼麓，四面皆原始森林，沿途尽为羊肠鸟道、悬崖峭壁。行途中不幸有一头骡子失足坠崖而死，实乃山路险恶也。碧多位藏滇交界地，设有检查哨，驻着少数藏兵检查来往商人。有格鲁派大寺一座。此处居民廿余户，农田开耕于山腰间。妇女装束特异，头发束以银丝，颈项多挂珊瑚珠。

从碧多前行，即为梅里山足，西藏语"查瓦苏拉"。翻山需两日时光，途中遇见悦西罗布，是查瓦当地人，有骡马四十匹专营运输生意。总管乃急交运九十余驮，托他运往云南。因木里雪峰高拔，天险难渡，故骡帮们在碧多堆积的货物甚多，或遇偷盗，或为火焚，时有发生。

从碧多前行已无法骑马，需翻数座山嘴，山道崎岖十分难行。走过五十余里，见有村庄多处，林木青翠，田间庄稼茂盛。继续向南行，又见一村庄约十余户，即甲罗村。当晚即住宿在甲罗，准备明日翻山。

第一日，天亮起行，一直步行至第一峰。山路宽不及二尺，险陡异常，且又下临深涧，不忍俯视。沿途林木繁茂，至山顶略平迤，便换骑马。又前行十里,遥望见一雪峰高及天际、气势非凡,此即闻名遐迩的"卡瓦格博"雪峰也。它是梅里雪山最高主峰,海拔六千七百四十公尺,雄称云南第一神山,以巍峨壮丽、神秘莫测闻名于世,欧洲人多知之。西藏人认为此峰为神佛托迹之所,为藏传佛教朝觐圣地。

第一天行过数峰,人马皆疲惫,于是在第五峰下驻足休息。

第二日,晨雾迷漫,数米之外不能辨物,而且坡陡路狭,乃亦步亦趋,时走时爬,气喘如牛。勉强行至第八峰,寒冷异常哈气成冰,须发皆成一片白色,骡马口鼻均挂着冰块。时届秋季尚且如此,若在隆冬则更不堪设想也。

梅里雪山不啻为行客之鬼门关,沿途枯骨纵横,不忍目睹。人骨、兽骨难以辨清,我乃诵经超度,以慰亡魂。第八峰高及天表,山顶冷风刺骨,并见万年积雪。附近各峰皆荒秃不毛,呈赫红色屹然耸立。遥望"卡瓦格博"白雪皑皑、云雾缭绕,神秘而高不可攀,让人肃然敬畏。我步行至第八峰山顶,实难抵挡彻骨冰寒,旋即下山。

下山之路比上山之路更长,第一段比较平夷,行约二十里左右。第二段路更险狭,乱石纵横几无下足处,在两山狭谷间盘旋而下,行约八十里,直至澜沧江边。

翻过梅里雪山,人马均已精疲力竭。

## 廿六　溜条渡澜沧江

为追查被调包之货物,乃在夏克稍作停留,等候派往札夷之人的消息。中午藏兵已将被窃货包带来,并嘱咐请麦马本帮忙查办。晚间格西及悦西二人回来,言麦马本责备此事因收货人不慎,应由其负责,于是追查之事不了了之。

两月来露宿荒原与雪山,未得好睡,今晚幸借到一民房,乃倒头即睡，却又因人多拥挤，亦未能安稳。晨起循澜沧江边而行，道路起伏，坡度极陡，时有滑入江中之危。双腿酸痛难忍，仍勉强骑骡而行。俯视大江，心中不断祈祷佛法加持。

行约卅里，至一山嘴，又南行廿里，始至溜条江边。江边有居民数户，专营滑条生意。其地气候较为温和，栽有雪梨、桃、橘等水果。房主人与总管相识，见大生意上门，热情送上水果招待。我尝到一只雪梨，汁甜似蜜，虽比不上内地梨肉细润，想旅藏多年来，还是第一次尝到西藏梨的滋味，真觉人间美味也。

溜条江是最原始的一种过江方法。人畜或货物均由一根土制滑条溜往彼岸，如由彼岸返回，则由另一根滑条溜回，如此一去一回，两根滑条即是交通工具。滑条系由竹子用刀劈成细条，然后用多根细条编成如核桃般粗的竹绳，长约几十米，系于两岸石岩上。在竹绳上先用酥油涂之，增加其润滑，再削一片木片，在木片两头系上皮条。溜滑时，将木片挂在竹绳上，人由皮条捆实，双手扶木片，岸上人将其一推，即溜过去了。两耳绝对要避开竹绳，否则耳朵会被削掉。溜滑至中途时，或因竹绳下坠而停顿不前，熟练的人会腾跃身体，以自身体重为动力溜向前。初溜的人则须等候下一个人或货物，从后撞击推向前。无论人或畜，常有因危险而吓致大小便失禁。

总管对我说，此是非过不可唯一之路，否则需多绕十数日路程到云南。我望望脚下江水，心中始觉害怕，但见人、畜一个个渡过，便壮胆欲试。溜条主人特地换上新竹绳一根，总管让我饮酒一大碗，然后把皮条绑紧身体，双手抓定木片，并为我鸣枪壮胆，声震山谷。我乃顺滑条用力一溜，顺利到达了彼岸。接着总管及大批人畜接踵而至，感恩佛力加被，全队人马平安渡过了澜沧江。

很责疑当地政府，为何不在此修桥架路，以利来往行人。闻听每年在此死伤者不计其数，更有乘机打劫之匪，在此频做不法之事。

## 廿七　德钦县

从东珠林行约四十里，即至德钦县，又名阿墩子。虽在四山环抱之中，其地势辽阔，为云南最靠近藏区之大县。德钦县居民约二百余户，有汉族、藏族、摩西族混合而居。县内有两条主街，正街多商店，出售滇茶、川茶及其他杂货。通行的货币有三松银币、云南铜币、半开川币及阿墩子银元，交易以本地市价计算。云南商人来德钦者很多，市洋求过于供，每市洋可兑法币三百五十元，而求者仍多。

德钦县设治局局长名王伯符，汉族人。设治局下分三股：第一股管市政；第二股管田赋，其主任姓李；第三股是保卫团，团长姓徐。另外还有游击支队，负责人海正涛与王文通。德钦有五所小学，负责人是何光激。蒙藏委员会在德钦设滇西调查组，以华崇伦、张思浩二位负责。国民政府军令部派程有基驻守德钦，邮局设有德钦代办处。

德钦地邻西康，多匪患，地方无力肃清。驻军因生活收入不敷，乃收驮捐以维持开支，每驮抽市洋两元半，系非法收税，西藏人并不需交驮税。德钦所产酥油最为驰名，牛肉、猪肉供应丰富，蔬菜、草料、黄豆、黑豆、糌粑多由维西县运来。当地人喜穿布服，妇女多善经商，这里的藏族妇女所着服装也与藏地略有不同。

至德钦后，往晤老朋友华寄天夫妇及他的弟弟华崇伦君，受他们邀请留我住他家养伤。又经他们介绍，认识了德钦县军政界好些朋友，我当时并非政府人员，在遥远边关与大家相识，实乃缘分，朋友们热情款待了我。

骡队在德钦休整了半个月，我也乘机养好了腿伤。经七十余天的行程，亲身体验了藏滇道上骡帮生涯的种种艰辛，磨炼了意志，经受了考验。虽感身疲力尽、遍体伤痛，然心中甚是愉悦与感恩。

## 廿八　化凶为夷

十二月六日，继续踏上藏滇之行。从光遂林向西南行，有一深狭山谷，水流直入澜沧江。离德钦行五十里，至江边后驻息。其地多风，刮了一夜西北风，晨起见人与衣被均埋于沙土中，真似大风起兮云飞扬之景。

十二月七日，晨起天气晴朗，阳光温和。总管建议今日天气甚好，不如让骡队在山上走老路，我们几人沿澜沧江边步行。我们这队人中除总管，还有他的第一枪手老管家何君及悦西等人，除我外其他人都有手枪。

顺便说一说澜沧江，澜沧江发源于唐古拉山，全长四千九百多公里。其江流至西康、昌都已是浩浩大江，到达云南德钦县，江面更是水阔浪急。下游流经缅甸、老挝、泰国、柬埔寨，最后经越南汇入南海。

与总管数人沿着江边步行，道路十分狭窄，且无避让之处，右边是滔滔的大江，左边是高耸入云的峭壁。行了约三里之遥，见前面不远处有十多人，各个身佩长枪及腰刀，走走停停，四处探望，形迹十分可疑。我即告知总管，总管一看，脸色顿变，立刻嘱咐大家枪弹上膛，说这些人就是来寻仇报复他的。数十天来担心的危机突然降临，大家万分紧张，但不管是祸是福，这场凶灾终躲不过了，便又冷静了下来。我见大家拔枪上膛，即对总管说，想想看有什么办法，能避开他们。总管说今天骡队幸没跟着，对方不一定认出是我，格西您是出家人，手无枪械，最好走在前面，迷惑他们，如若对方开枪，我等即刻还击。此计关系着大家的安危，我心里虽有担忧，但还是壮了壮胆，便走向前去。所幸我穿着喇嘛装，头戴着黄缎遮阳帽，于是手持佛珠、口诵咒语走到匪徒中。匪徒们见之均弯腰伸舌、求摸顶，并问我后行者是你什么人，我回答说是我"仆从"，并招呼"仆从"快走，匪徒们没有起疑，于是总管等人趁机平安通过。

走出很远，紧张的心稍放下。总管仍后怕不已，说今日要不是格西，我们诸人恐怕一命呜呼矣。随后又闻山顶骡帮响枪声，原来是我们的骡队与上行之骡队，因堵路而发生争执，且上行的骡帮中有匪徒十余人，蛮横无比。但因我们的人处置得当，终亦化凶为夷，安抵目的地。

目的地是一小村，在该山之足部，地名贡拉拉。为庆贺平安化险，总管特买了一头肥牛犒赏大家，可怜一头牛，当晚即被众人分食光了。

## 廿九　澜沧江边风情

离德钦后，沿澜沧江连续行走十七天，沿途风情已与康藏大不相同。气候转暖，农田增多，沿江两岸遍布很多村落。放眼观望，山顶也多被开垦，故此一带农产品丰盛。中午行至一片草坪，忽见上空飞有一架飞机，始觉此地乃是驼峰空运之要道。

行至打雪布，见遍地稻田，庄稼将熟。抵黄虎坪，有汉族居民十多户，还有神庙一所，此为半开放式之边区。有汉商经营的买卖，有从鹤庆运来的各种农产品。

数日行来，见两岸村庄越显富庶。该地购物已不用西藏之三两银元，而用云南省铜元。经夺罗罗村，此属维西县第九保，保长姓陈，四川眉州人，适遇家有丧事，正请黑教喇嘛在诵经。当地民众多信仰黑教，婚丧习俗以牲畜祭祀。陈保长因其母去世，一日间竟杀了八口猪、七只羊。

行至维西县后，我们即与澜沧江分道，沿山沟前行。维西县城建于万山环抱之中，居民以摩梭人为主，但都说汉语。维西版图为长条形，是驼峰空运之重要航线，闻空中不断有飞机轰鸣声。当地有小学数所，还有隔日出版的《维西新闻》报，虽印刷稍粗糙，但能让百姓了知每日新闻，已属与时俱进。路过维西县城，恰遇一队摩梭人迎亲，新郎身穿马褂，新娘身穿长裙，均骑于马上，数位鼓乐手在前引导，吹打得十分热闹。摩梭人的家门前还贴着汉文对联，令人备感亲切。

晚间休息在强自村，村妇们前来推销本地所酿之酒，据说此酒还颇为闻名也。数日来夜夜降霜，犹如小雪，气候稍冷，因维西附近地势低凹所致。沿途见稻谷多已收割，所种蚕豆已发芽，农产品售价甚低，四季作物丰富也。

次日晨起，翻一山约卅多里路，在山顶烧茶后行抵山足便歇息，地名纳木措。纳木措约有居民百余户，因地势高而气候寒冷，以生产杂粮为大宗，亦有少量的稻田。当地人所居房屋，多用木板所建，但看起来很像汉地之瓦房。途中遇好多康人前往大理鸡足山朝拜，鸡足山为著名的佛教圣地，摩诃迦叶尊者入涅槃之道场。总管告诉说，鸡足山每年正月有法会，往朝拜者达三四万之多也。

十二月廿二日，骡队沿金沙江而行，一路黄土扑面，烈日当空，不料云南的隆冬竟如夏日矣。行过红石崖，崖壁上有华寄天题"赤石临江"四字，字体雄健有力。此崖壁古时为石门关，今遗迹犹在，而石门已不复存在矣。行至石鼓，见大铁桥一座，石鼓即在桥首。该石鼓呈圆形，直径四尺，正反两面均刻有纳西文，中有裂缝一条。传言若遇天灾人祸，石缝会裂开，若风调雨顺，裂缝则合拢。此石鼓为明代木姓土司所建，土司世代效忠明代皇室，故勒石以记其事。

由石鼓沿金沙江行约五公里，大江折向东北别去，而我们渐趋登山。山顶上有茶亭，就在此熬茶息饮。闻此地曾是出产云南最贵之鸦片烟地方，山势平迤，可直至湖滨。又行走四十里，即接近丽江之大平原也。数月来，皆在雪山或山谷中盘旋行走，现在忽然面对广阔大平原，不由得喜出望外，步履轻松。

## 卅　走进丽江

十二月廿四日，行过四十里平坦路途，见村庄毗邻相连，甚显富庶之景。总管的姻亲杨大队长亲自前来，迎接我们进入丽江城，并招待在杨府居住。

至此，总管的骡队已全部到达了目的地，从藏历八月三十一日离开拉萨，至十二月廿四日到达云南丽江，整整行走了三个多月。途中翻雪山、宿荒原、穿狭谷、溜条江，跨越数十县，行程千余里，历尽风霜雨雪、艰辛劳苦、危险重重，终于平安到达丽江，大家激动喜悦的心情不言而喻。

杨府是座中式建筑，除正厅外，两旁有东西厢房。总管被招待住在西厢房，东厢房已被租予袁、张两位北京商人居住。袁保忠曾与我是西藏旧识，不意在杨府相逢，甚为意外，于是他邀请我住在他的东厢房。我把最喜爱的一套英国马鞍子，赠予杨大队长，作为酬谢。

丽江是一座古城，建在方圆数十里的平坝上。民风淳朴，虽系纳西族，但已汉化。尤其令人称奇的是建城初期，将长江之水引入每家每户门前水渠内，十分便利民生。丽江的妇女勤劳且擅长经商，每日早晨出外做生意，中午回家为丈夫做饭，丈夫可以不必为生计所累，家家过得蛮富有。骡队每到一处，当地妇女不论贫富，争相卸货、背货，每驮可得数十文酬劳。丽江商业日渐繁荣，各地来经商者甚多，有一四方街，商店林立，街道整洁，街坊和谐，秩序井然，给我留下很好的印象。

在丽江休息了十日，游览了玉龙雪山、龙王潭、虎跳峡等地后，我便雇一匹骡子独自骑往下关，由下关至昆明再赴重庆。我辞别了总管及杨大队长，只身先向剑州行。

从丽江到下关要经过剑川、大理、喜洲、洱海等地，没有火车，没有汽车，但沿途是平坦大道。第二日即到大理，见到大理县长严宝成先生，四十多岁，矮矮的身材，他是永昌祥董事长严协成先生的弟弟。承其接待，我在大理住了一日。第三日经过喜洲，此地是杨汉臣及严协成的家乡，家家经商，地方富庶，沿途稻田青葱，苍山及洱海即在不远处。

过喜洲后即至下关，在永昌祥下关分号，被接待住入客室。自从滇缅公路被日军切断后，下关的商业一落千丈，永昌祥乃将店铺一部分租予茂恒公司。两日后搭乘永昌祥送货卡车，隔日到达了昆明。

## 卅一　战时昆明

到昆明后，卡车径直开进永昌祥总号。总号是一处深宅大院，房屋宽大，交通便利，邻近商业街。院内职事众多，我被安排住于客室。然后第一件事，就是找一家澡堂去洗浴。擦背的伙计问我，先生您有多久没洗澡了？我笑着回答，不久，才八年。他听后大为惊异，说，您全身积垢太厚，非一次能洗净。我乃告知刚从西藏走来此地，一路风尘，已八年未在澡堂洗浴矣，伙计这才表示理解。继之去了安宁温泉，巧遇黄仁霖先生陪同蒋经国先生，也在安宁沐浴。

战时的昆明非常热闹，由陈纳德将军率领的美第十八航空队总部即设在昆明。由印度经驼峰空运到中国的军用物资，日夜不断地先至昆明，然后再转运全国各地。为抵抗日本法西斯侵略，美国空中志愿军来华参战者甚多，第十八航空队牺牲了不少优秀军人。美军每击落一架日机，颁发航空兵一千美金奖励。昆明市上贩卖美国纸烟及军毯的小贩甚多，也有少数不肖华人勾结美国军人做走私生意。

我在昆明住了多日，因负有重任，急等买一张飞重庆的机票。当时正值战时，民航飞机航班很少，订购机票的人多至已排到数年后。无奈便托商会会长去买，也买不到。焦急中乃电告重庆侍从室，报告我带有西藏摄政王亲笔致蒋委员长的信及礼物，请求帮助搭机飞渝。不久即接到同意答复，嘱咐去五路空军司令部见晏上校，给予安排。

两日后终于登上军用飞机，同舱还有一位空军军人。机上发给我降落伞一具，说若遇飞机失事时可用，但不必太早打开，降落伞最好在离地面一两千尺时打开。飞机飞行两小时后,安全抵达了重庆城。

## 卅二　回到重庆

下了飞机,急忙直奔小十字长安寺,拜见阔别了八年的太虚大师。大师两鬓略添白霜,精神矍铄,仍穿着那身旧衲衣,见我从西藏学经回来非常高兴。

自抗战爆发,太虚大师为救国奔走,在国内外发表了种种抗战护国演讲,义正词严,强烈谴责日本军国主义的侵略行径,呼吁佛教徒承担起维护正义的责任。并组织"佛教青年护国团"参加抗日救护、募资捐款等各项活动,还亲赴缅甸、印度各国,发动当地华侨积极支持中国抗日战争。大师是一个关心人类福祉的宗教家,也是一个坚持正义和民族尊严的勇士。他不愿看到战争给人民带来的苦难,悲心济世、护国护教,表现出一位佛教领袖的非凡智慧与慈悲。五十岁生日前他写下"仰止唯佛陀,完成在人格,人成即佛成,是名真现实"的教言,并为"人间佛教""人间净土"身体力行、倾注毕生心血。

战时的重庆生活很艰苦,长安寺已被日本飞机炸为平地,大师的弟子们为师父修建了一栋小小的僧舍。僧舍内分隔为三间,中间一间做佛堂,西面一间是太虚大师卧室兼会客室,东面一间是《海潮音》编辑室,兼编辑福善的住处。大师的伙食亦很清苦,常常吃了上顿没了下顿。我刚到则搭一张帆布床,临时寄宿在编辑室,两天后经朋友帮忙,才在重庆南岸租到一间小屋子,解决了居住问题。

初到重庆非常忙碌,中央大学等单位请我去介绍西藏的宗教文化及社会现况。在太虚大师处,我遇见了大师的许多弟子,如李慧空及孙立人太太等常来拜见。大师在北碚办有中学一所,名大雄中学,见正果法师常向大师报告学校情形,因学校资金短缺,多向大师请求帮助。

不久，蒋委员长接见了我——一位身穿喇嘛装的汉僧。我将西藏摄政王达隆扎活佛委托的信及一尊长寿佛，敬呈予他。他很高兴，起身与我握手，并仔细询问了西藏的现况。我向他介绍入藏八年来在各寺院学习及求法的情况，并畅谈了对西藏的观感，认为发展振兴边疆教育，以加强汉藏文化交流的意见。他听得很专注，表示出赞同的态度。

一九四六年的正月，我被授命任国立西藏拉萨小学校长，经中印边境，骑马翻越喜马拉雅山而重回拉萨任职，开始了新的工作与生活。

初稿为一九四五年沿途日记

终稿整理于二〇一二年洛杉矶

邢老1945年藏滇茶马古道途中所写的日记

骡马过拉萨河

途中住宿,搭帐篷、炊煮食物

藏滇道上翻越过的雪山

翻梅里大雪山

藏滇茶马古道纪行，一九四五年

大雪山上凿冰修路

澜沧江上的溜索

溜索渡澜沧江

德钦保安司令（左二），中央派来的参谋（右二）

德钦县百岁老人

蒙藏委员会派驻德钦县调查员小吴

游玩丽江龙王潭

1945年藏历十二月二十四日
到达丽江

# 热振活佛事件
## ——拉萨日记摘录

一九四七年四月十四日,热振活佛被从热振寺解押至拉萨。

一九四七年四月十八日至五月八日,热振活佛被囚禁,度过最后二十天。

### 一九四七年四月八日

拉萨城内皆传言,噶雪巴已被革职,原因系投函拥护热振活佛、攻击达扎(摄政王达隆扎活佛),其家仆因误投该函,以致事发。

基巧堪布(总僧官)色拉寺杰扎仓大喇嘛、热振活佛的支持者阿旺丹增亦被革职,原因系达赖库中被盗,失去金银数箱,同时被罚者有火苏扎萨(管家)。继任总堪布者为神本堪布,青饶登真任江洋厦。

### 一九四七年四月十二日

传得沸沸扬扬的"炸弹案"系藏历一月初七(八)日,有康巴递送包裹一只至颇张沙巴(藏官)府上,其扎萨(管家)疑系求事者,不收。该来人乃送往仲译钦波(秘书长)阿旺朗杰(达扎的亲信,总僧官)宅邸,仆人乃将之收下,送者即离去。该包裹木盒上书有"昌都总管宇妥扎萨致达扎摄政"字样。时隔多日,并未看系何物。二月十七日,仲译仆人揭之张视，忽闻窸窣有声，惊奔出，爆炸一室为碎。藏王（摄政王）乃传米本（拉萨市市长）问询，故谣言四起，有说汉人者所为，但木盒系藏式所制，噶厦（西藏地方政府）为此在侦讯中。

继则颇张沙巴府及慈埋林二处桅杆上，廿日左右发现反对现任藏王（摄政王）及主要人物布告，云"总有清算之一日"。小昭寺附近出现"希望汉人援助"之帖，云"不能任英人侵蚀之"！

最近噶厦由察隅运昌都大批军火，英人并在边境增兵，约万八。

一九四七年四月十三日

从十日起噶厦连日开会，藏官们行色匆匆，十分神秘。新任神本总堪布者为大传号，继任大传号者为帕拉济众。

下午四时，街上警察突然加岗，并荷枪实弹。拉萨市各商铺均闭户，街头谣诼纷起。乃悉中午，藏兵突然查封了锡德林热振拉章（热振活佛宅邸），热振扎萨被抓，热振活佛被指控主谋反叛，纷传之"炸弹案"纯属他所为，一时风声鹤唳。

为策学生们安全，本校提前放学五分钟。下午彭康宅邸被查封，桑达昌亦被封，其他将被连累者尚多。

夜十时许，闻索康、拉鲁两位噶伦率召基兵（藏兵）二百人，连夜奔赴距拉萨北面二百四十公里处的林周热振寺，欲对热振活佛下手。

数天来，对于所传之"炸弹案"及反叛布告，余觉其中疑点甚多，一场政治风波似乎已来临。

一九四七年四月十四日

昨夜朗子辖（拉萨市政府）深夜查街，今晨闻有一妇人被击毙。民众皆不敢出门，市街戒备甚严。

上午，索康、拉鲁率领的二百藏军，围住了热振寺。毫无戒备的热振活佛被他们"请"上了一匹骡子，押解回拉萨，并查封了热振寺。其间，小扎萨准备反抗，老扎萨阻止，旋即两位扎萨（热振寺僧官总管）均被捕，被捕的还有卸任噶伦彭康父子及噶多活佛。僧众们群情激愤，誓予反抗，藏兵持枪镇压之。索康增调了多批藏兵，赴热振寺及布达拉宫防守。

晚间传言，热振活佛已被解押往拉萨途中。

前传噶雪巴被革职之言并非事实，据悉他与让巴仍在布达拉宫任职。

一九四七年四月十六日

晚间访问詹东（贵族、噶厦四品官），得悉此次事变系由六人主谋策动：藏王管家（丹巴塔钦）、阿旺朗杰、索康、拉鲁、马基扎萨、总堪布。主谋目的系肃清西藏倾汉势力，揭帜独立。盖热振活佛一贯执行亲汉政策，拥护民族团结、国家统一，与国民政府合作融洽，且在西藏拥有相当势力，噶厦每次重大决策若不得其同意，则难通过。故噶厦亲英势力代表达扎政府，急欲扫除之而后快也。

今晚噶厦继续往热振寺增兵一百余人，系各兵营之守卫者。闻藏兵驻扎于热振寺山嘴外之一平坝，将寺庙团团围住，拟予一网擒之。热振寺僧侣亦早有准备，各持武器奋力抵抗。藏政府又将热振寺与拉萨间交通封锁，沿途布兵防守，故兵源不够，于是增调四乡地方兵力。

现拉萨市内由召基古松警察巡防，由索康代本（团长）、帕拉、阿旺坚赞、新大传号等负责。

拉萨的民众、僧众及各贵族均惶惶万分，颇望国民中央政府的援助。

一九四七年四月十七日

今晨继有藏兵开赴热振寺，约百余人，闻拉萨各营兵力已调尽。

昨夜，与热振活佛亲近之雍乃喇嘛，因抗拒被捕而自杀，系在一户商人家中，此商人今也被抓捕。

下午二时，噶伦噶雪巴、让巴及总堪布前来驻藏办事处，请陈主任向拉萨汉人宣说此次热振罪状：一制造炸弹，二谋叛藏政府。并嘱转饬汉人，不必惊慌。

拉萨市有人征扣民众骡马，供藏军使用。数日来，藏政府已召集千余兵力，力攻热振寺。

一九四七年四月十八日

热振活佛被捕的消息，引发色拉寺僧众愤慨不平，昨夜有僧侣百余人，夜劫警察枪支，结果未逞，被击毙一僧。今晨市街并无警察，盖准备增换武器以资防御也。

上午各铺面关门，传闻色拉寺僧已前往劫持押解热振活佛的队伍。藏方通知下午八时半，全市实行特别戒严。

下午四时，均说热振活佛已被押抵拉萨，押解队伍从布达拉宫后门悄悄上山，情形很狼狈。色拉寺僧半途劫持失败，因藏军临时改变路径所致。又传僧众欲夺活佛拉章，也已被查封。夜间枪声四起，民众皆惊慌。

晚间传悉，热振活佛已被投入布达拉宫厦钦角监狱，囚禁在一间阴暗狭小的黑牢。关押在此还有他的两位扎萨及彭康父子、噶多活佛，均将接受秘密庭审。

一九四七年四月十九日

早晨稍静，中午十一时战事趋紧张，乌考山枪声骤密，传色拉寺僧冲下山对扎西兵营开战。数百名杰扎仓僧侣，脱下袈裟，赤膊上阵，手持木棍、大刀与藏兵拼杀，英勇无畏。达扎政府调动了三千余名藏军，包围了乌考山色拉寺。战斗激烈，直至下午未停，双方相持不下。

下午尼泊尔驻藏代表往晤布达拉宫达扎政府，欲为此事件调解讲和，但被拒绝，未成。

一九四七年四月二十日

昨夜十二时，色拉寺僧冲入桑都昌，劫去枪支多支，强左及桑都昌之弟亦参随。警察被劫枪一支，喇嘛死六人，弃尸在地，负伤者不少。

今日下午三时，噶雪巴、阿沛·阿旺朗杰、邦达昌赴乌考山督战，准备日内解决之，并用炮击色拉寺，鏖战甚烈。

西藏民心均同情热振，倾向中央，望中央政府出面，和平解决此事。若如此，也可提高中央在西藏之影响与地位，以获藏族人民之拥护。

一九四七年四月二十一日

冲突仍在继续，昨夜色拉寺僧偷袭拉萨，劫得枪一支，一名热振仓仆人被藏兵打死。噶厦派往前去督战之众柯多人，妄图偷袭色拉寺后山，被色拉僧众击退，打死藏兵数人，夺得枪数支。

闻布达拉宫山足已架起大炮，与乍基兵构成相辅之势。达扎政府决意发起新的军事行动，攻下色拉寺。

今日本为拉萨赛宫日，数十年来未断，今乃停止，喇嘛们仍诵经至晚。铁棒喇嘛令各寺僧侣，明日返寺净尽，留在拉萨之色拉寺僧者，皆拘于甲布岗室中诵经，禁止外出。

传闻慈江活佛等面见藏政府，要求和平解决此事，但也被拒绝。

噶厦已在乍基阵地与布达拉宫之间，建立了无线电通信，以便直接指挥炮击色拉寺。此由英国人福克斯帮助架设，英人参与西藏内乱、阴谋分裂西藏之事实，铁证如山也！

目前在拉萨主持炮击色拉寺的系俩逃亡之德人，此为德人参与西藏内乱之罪证也。此两德人：一为亨利哈拉，一为阿夫斯奈特。

一九四七年四月二十二日

近日来，武力冲突陆续不断，色拉寺僧誓以必死之心顽强反抗，决意万一失败则焚庙逃亡。噶厦政府强势围攻，又恐失败，托人向色拉寺劝降，但色拉寺固守两条件：一、释放热振活佛、两位扎萨及受牵连者，交出策划事件祸首；二、结算历代色拉寺于藏政府之功绩。

经由甘丹赤巴及三大寺活佛多人往返劝说，噶厦不准，未达和解。下午藏军炮击五十四发之多，鏖战至夜未止。

今闻，政府军仍未能攻下色拉寺。面对三千藏兵，兵力悬殊的严峻形势，真为色拉寺僧众担心，又为他们的英勇不屈而赞叹。无论色拉寺失败与否，西藏局势已陷乱境。杰扎仓之战虽因热振活佛事件而起，其内因还系达扎政府阴谋清除西藏亲汉势力，并削弱三大寺僧侣势力，为今后揭帜独立、政教分治做准备。噶厦亲英势力多歧视僧侣，并崇信西欧所谓的文明，故对不同势力及教派无情下手，欲清除障碍，统一内部，然后顺利宣布独立。此场政治风波必给苦难中的西藏人民，带来更多的战乱与不安。

一九四七年四月二十三日

双方谈判仍未成功。中午阿旺老师来，谈及哲蚌果芒扎仓，因色拉寺事曾召开一昼夜会议，有部分人欲援助色拉，其倾汉态度强烈，而堪布系达扎摄政王亲信，则主张旁观。

闻色拉寺僧参加战斗者约六七百人，亦有说仅三百余人，迪鲁瓦中委亦在色拉。余心中甚盼中央能援助主持藏政，否则西藏将陷于分裂状态也。

一九四七年四月二十四日

谈判仍在继续中。西藏驻京代表有四千字长电报致藏政府，蒙藏委员会亦有两份电报致噶厦,要点:一、保护汉民,二、不容杀戮。

噶厦政府从江孜调遣的藏兵已抵达拉萨,军纪败坏,一路抢劫发生多起,以小商贩者损失最大,百姓敢怒而不敢言。

一九四七年四月二十五日

闻蒋委员长有电致达扎摄政王:"请保热振活佛安全。"驻藏办事处陈主任特往布达拉宫传达此电。

昨日本校学生因遭受藏兵追逐,深受惊吓。今日特请陈主任往噶厦交涉,请务必保护拉萨小学学生之安全。昨今两日,中央均有电致达扎,态度较强硬。

一九四七年四月二十六日

晨闻汉民牟家顺遭刺,横尸于果芒康萨。乃问询川帮的保正,谓发生在昨晚七时,有两藏兵因抢劫其帽未逞,即以刀刺之,遂死。此乃我汉人在此事件中,无辜遭受藏兵杀害之实例也,闻之伤悼。而中央对藏政策软弱,实负其咎。

下午警察通知,明晨九时后戒严,盖噶厦政府决定,明日发起总攻,三日内拿下色拉寺也。

一九四七年四月二十七日

战事停三日又起,天未明,炮声、机枪声不断,藏军已发起总攻,与色拉寺激战甚烈。百余名藏兵占领了山顶,后又闻冲入色拉寺僧约四百人,将藏兵武装解除。直至下午,有传言藏兵已占山头,或云未占,莫衷一是。

晚上闻悉,热振寺及藏北民众响应者众多,反抗声高。今日,噶厦派往热振寺之三百增防军,已开往盆布。

近日，南京蒙藏委员会获办事处的汇报，即致电噶厦政府：色拉寺为佛教圣地，不容摧毁，立即和平解决。达扎政府回电曰：前任摄政王热振，企图谋害现任摄政达扎呼图克图，故将热振及关系重要者数人拘禁。色拉寺无知僧众，附和热振反对政府，经西藏僧侣民众大会一致同意，严加惩处，并无摧毁寺庙之事，所有中央在藏官员及旅藏汉商均当切实保护。中央政府复电噶厦：对热振活佛，务必保护其安全。

随即布达拉宫传出消息，说中央致电藏政府，显系此间汉人报告所为。此话中不乏带有不满或威胁之意，同事们均盼事变早日结束，否则恐遭藏方暗算。陈主任安慰大家，必要时汉人可集中两处，一本处，二电台，以保护大家免遭祸殃。

德人哈拉及阿夫来驻藏办事处辟谣，说彼二人并未参加战斗，而谣诼纷纷，自不可保，拟请我处保护其安全。余不信其所言，此乃两面三刀者也。

一九四七年四月二十八日

今日纷传，色拉寺终以弹药不济，而被藏军攻陷，僧众死伤者近百人，少数僧侣突围逃亡康区。藏兵涌入寺中，疯狂抢劫财物。色拉各寺僧侣被集中拘禁，领袖八人被抓。该八人曾躲于地下室中，门封锁做多年未开状，藏兵因贪其中藏有珍物，乃启封，结果击毙二兵一僧，八位喇嘛被捕，押来召基，拟处以活绞云云。

色拉寺被攻下后，群情伤悲，驻藏办事处特向藏方询问，汉僧永灯法师之下落，答复云，麦扎仓并未参加此场斗争。

晚得情报说，布达拉宫审问噶多活佛，吐露出沈处长离藏时，送行者有热振小扎萨，沈对其曰，若热振活佛谋为王，中央可为助，并可助械弹，于是热振活佛派代表赴京洽商。此次事变因此而起，炸弹案亦因此而生。

热振活佛事件

**一九四七年四月二十九日**

色拉寺被陷后,藏兵仍留寺中驻守。得悉此次麦扎仓并未参战,仅杰扎仓僧众坚持奋战十日,可谓英雄矣。

今日拉萨市稍平静,但恐怖气氛未消。本校仍停课放假,恐市面不安而影响学生。此次事变中汉方未能出手相助,故汉人在此颇遭袖手旁观之讥评,且自总裁来电后,又无后续行动,同人们颇有些失望,萌有返乡之意。

**一九四七年五月二日**

中午,永灯法师由色拉寺来,谈及作战情形,说杰扎仓之战由拉噶活佛率领指挥。亦曾邀麦扎仓参加,会议昼夜未敢言决,后经问卜护法神,乃决定不参加。杰扎仓之战最终失败,但对噶厦亲英派的达扎政府,给予了狠狠的打击。

下午四时,藏兵举行庆祝胜利游行,无一位喇嘛参加。

**一九四七年五月四日**

近日起,藏兵陆续开往热振寺。闻听热振寺及藏北人民反抗声高,噶厦政府将盆布铁桥切断,以阻止藏北人民前行,众闻之越加激愤。

又传布达拉禁宫内,热振活佛之弟已越狱潜逃,其弟尚年幼,不过十三四岁耳,实属无故受牵。藏兵在雪里及拉萨城均到处搜查之。

色拉寺活佛色略诸古已被捕,召基枪毙了四位为首的喇嘛,惨状不忍目睹。其他所捕喇嘛四十余人,均以木棍横绑两手,示众游街。

**一九四七年五月六日**

近两日布达拉宫会议,拟定热振罪名。蒋委员长又有电致藏政府,但无声势,亦无具体行动,可见中央陷于国内之战,而无心于西藏局势也。

朗子辖通知办事处，说热振拉章及卡妥拉章之财产，寺中甚少，寄存于外间者极多。兹经会议通知，如有汉、藏人等隐匿不报者，一经查实即行严办。办事处便转饬汉、回各帮头人知照云。

一九四七年五月八日

据悉，热振活佛已于今日午夜一时，被毒害于布达拉宫。或云系今晨天亮喝茶后毙者，毒发时呼声极惨，声闻于雪里。或又云，当七时大会审问时，未十五分钟热振活佛云不支，便去也。藏政府即派医生看视，由此结束其生命。

威名显赫的五世热振活佛，法名"图登·绛白益西·丹巴坚赞"，在厦钦角监狱度过了他人生最后二十天，被谋害时年仅三十六岁。他任西藏摄政王七年间，准许蒙藏委员会在拉萨设立办事处，抵制英人在西藏办学校，接受国民政府"辅国宏化禅师"封号，一九四三年被选为国民党中央候补执行委员。他的爱国爱教、拥护国家统一的态度，招致西藏亲英分裂势力的不满，终遭谋害，充分揭露了西藏权力斗争之残酷与黑暗。

热振活佛遇害之讯，传至热振寺，僧众悲愤难抑。五百多名喇嘛奋起，将驻扎于热振寺二十多名藏兵杀死，并深沟高垒，调集周边廿九族人民，每户一枪，集中于热振寺抗击。据悉，后藏班禅民众亦与藏军发生了冲突。

一九四七年五月十日

热振活佛法体已于昨晚抬往锡德林，由藏政府亲交于热振活佛之亲属近侍，并说明活佛非害死而系病死，以身无伤痕证明之。其实尸身内外皆包裹着，并不可见什么。

锡德林由藏兵看守，大批的拉萨民众前往锡德林，含泪拜别热振活佛法体，情景令人动容。

九日，噶厦政府又增派四百藏兵，开往热振寺助战。

一九四七年五月十一日

今在茂恒行闻悉，热振活佛耳鼻口均见出血，显示他被毒毙无疑。传热振寺战事甚烈，噶厦共征集了拉萨四乡一千多藏兵前往围攻。

下午四时有一黑帖贴于本办事处之楼梯口，系责骂本处未对热振之死过问及阻拦，而应负其责。

一九四七年五月十二日

据悉，噶厦政府已决定，派夏格巴赴英洽谈宣布独立事宜，不久西藏问题可能国际化。昨日藏政府回复本办事处两公文，说明热振之死，并电复中央强调热振活佛系病死，其言欲盖弥彰，我中央若竟信之，自是昏聩之甚。

明日陈主任受噶厦之邀，往布达拉宫一行。

一九四七年五月十四日

经数天鏖战，热振寺终因兵力悬殊，被藏军镇压，只有热振活佛生前亲随益西曲臣堪布等少数人逃出。藏政府连日召集会议，讨论处罚被捕人员，以结此案。决定将卡妥及热振二位扎萨挖眼、削足，并十七日当众行刑。如此严刑，实在惨无人道！

热振活佛之法体，今被抬往帕邦卡寺焚化。

午后一时，陈主任赴布达噶厦，无他要事，系宣读热振之罪状，及达扎摄政王答蒋委员长之函，说热振系病死，名医无救，其他均如命办理，等等。

是日，有邦达昌谈围攻色拉寺事，说召基兵均愿开战，之原因系攻破后可以掳得甚多财物也。

一九四七年五月十六日

布达拉宫连日会议甚忙，藏官均于落日始散会。据康君悉，热振活佛被捕后两小时，热振之百姓骑兵三百名忽赶到，但因大势已去，乃将热振寺许多财物及百姓掳去，逃亡至青海，大有清野之情形。

后藏确有冲突，青藏边境护送班禅之青年四千人待命入藏，噶厦决定予以阻止。

拉萨谣传说有飞机飞昌都，而人心思汉则为昭著之事实。

一九四七年五月十七日

噶厦决议，将热振寺、色拉寺抓捕的罪犯改判，原因系受英人劝说。英人说藏人若欲称独立，其野蛮杀戮行为若让国际所知，则英人将无法帮助其独立也，故改判为永远监禁。

陈主任病，赶往探视，显然因担忧思虑而致。

一九四七年五月十八日

今晨布达拉宫颁下布告，围观者甚多，决将罪犯鞭刑后，戴枷分配于各大世家为奴。卡妥及热振扎萨、色略诸古，被分配至古松兵营永远监禁。热振活佛之弟则被充军至桑耶寺附近荒无人烟之地。

数日来警察加岗并荷枪，市面又趋紧张，实为防止喇嘛们反抗，再度暴动也。

一九四七年五月十九日

市面尚未撤销武装岗警，且均为双岗。

今日已将所捕色拉寺僧众，分发于各世家，色拉堆巴堪布分配于功德林，皆由四噶伦、桑颇、火康、朗萨林、夏扎查隆等人分发。

据康君云，此次事变中，反汉言论最强者为阿旺坚赞，其他人谈及中央均默默不应，而他则狂言中央政府有何惧。而噶厦最后决议，对中央暂且要柔，而对内则严厉镇压惩罚，以防事件扩大。

一九四七年五月二十日
彭康已被释放，并发还田庄，且复公位。桑达昌由藏政府赔失三十支枪，每支七十平，而桑达昌实际损失达五万平。

据悉班禅活佛已至玉树，有电致拉萨后藏人并转噶厦政府：请为协助。但噶厦悻悻然曰，尔等赴中国者所做事情，殊为奇怪也。

一九四七年五月二十二日
达赖喇嘛定六月初十赴罗布林卡。色拉寺后山仍布有岗警，检查进出喇嘛。

热振事件后，藏政府决定实行枪支登记，并严令各商铺酒肆、街头巷尾，不准谈论国事。

一九四七年五月二十六日
噶厦政府阴谋独立，拟取得英美之支持，并求国际之协助，已决派夏格巴孜本七月间赴印度、转英美。闻此系英人之策动，但英代表黎吉生对柳秘书表示，说英人对藏实无兴趣，盖印度尚未能保持，无遑顾及西藏也。然是否属实，当待考证，近英人又在西藏江孜及下司马增兵，实可佐证其虚伪之真相也。

近日闻，色拉寺杰扎仓堪布已由新朵巴堪布升任。前作战时，麦扎仓僧人曾击毙杰扎仓两人，所遗朵堪布一缺，例由杰扎仓补充。而藏政府支持麦扎仓争之，并送小手枪两箱，以助内讧之用。事情为杰扎仓所知，乃抗议之。今日麦扎仓已将手枪送还藏政府，朵堪布仍让杰扎仓升任之。

热振寺藏兵已撤回，共骑兵百余。又捕来四僧之一火巴喇嘛，以木棍横绑其两手，抵拉萨后绕八廓街一周，往观者甚多。热振寺财产被没收，驮来黄金四驮，子弹廿余驮，其他杂物约千驮。距今已有九百年历史的热振寺，原为阿底峡尊者弟子仲敦巴于公元一〇五七年开始修建，是西藏噶当派第一座寺庙。寺内曾供奉阿底峡尊者等高僧灵骨舍利塔一千零八十座，在西藏众多寺庙中占有重要地位。然经此浩劫，如今残破不堪，叹之，惜之矣！

一九四七年五月二十八日

印币日益高涨，藏币日益贬值，原因系藏政府需要大批印币购置军火而致。

传闻热振寺之部分僧侣逃亡至阳巴地方，此距拉萨仅七八站而已，藏方又派兵前往追捕。

一九四七年六月三日

得悉藏政府已设立军事委员会，派查隆、阿旺坚赞、朗萨林、柳厦为委员，会同马基办事。并增设四代本（团长），派慈仁、贡香巴等为代本，贡香巴并随拉鲁赴康。

英人福克斯由噶厦政府聘为工程师，随拉鲁赴康藏架设电台。其职务等于藏官地位，并保障其生命财产。

据悉，噶厦已在印度购办军火，有数百驮武器正在运往西藏岗拖也。

摘自一九四七年拉萨日记

# 尼泊尔游记，一九四八年

## 一 访游缘起

一九四八年，在拉萨八廓街上有百余家尼泊尔商店，大多经销英国毛呢及印度布匹等商品。在我们拉萨小学，也有许多尼泊尔孩子就读。当时，尼泊尔在西藏拥有治外法权，享受最惠国待遇。且尼国政府还派有驻藏官员管理侨民，故西藏地方政府设有"廓喜康"机构，专门负责处理与尼泊尔的事务。

尼泊尔毗邻西藏，是一个古老的国家。在历史上，从公元八世纪入藏弘法的莲花生大师至西行取经的唐玄奘法师，及远嫁松赞干布的尼泊尔赤尊公主，都与尼泊尔这片神奇的土地悠远相关。

尼泊尔虽为一小国，但很强悍。在第一、第二次世界大战期间，英国拥有廓尔喀雇佣兵二营，能征惯战，自获得印度为殖民地后，也曾拟用武力兼并尼泊尔，但因尼泊尔人民坚强抵抗，未曾获得成功。

由此引起我往游尼泊尔的兴趣。当时尼泊尔驻藏代表 K. C. Kaisher Bahadur 先生，与我们国民政府驻藏办事处常有往来，他很喜欢中国的文化。我写信给他，他对我往游尼泊尔的申请颇为支持，复函表示欢迎，并将此申请报告递交尼国总理。

自我接任国立拉萨小学校长之职两年来，校务蒸蒸日上。入校学生从原来的几十名增加到三百多名，有来自藏族、汉族、尼泊尔族与拉达克人子弟。学校声名远播至川、康、滇一些地区，南京教育部及西藏地方均很重视。当我请假之电文到达蒙藏委员会及教育部后，他们很快批准，并发给差旅费七千印币。

为了往游尼泊尔，我选择经印度翻越喜马拉雅山，然后入境尼泊尔之途径。

首先需向印度驻拉萨商务代表申请经锡金赴印度的签证。当时驻拉萨的印度商务代表是黎吉生先生，他对我早有耳闻，便对驻藏办事处英文秘书柳先生说，很想见见邢先生，并请驻藏办事处同事们一起吃顿饭。于是我们全体按时前往第几林噶印度代表处，彼此相见后交谈和洽，我的赴印签证也顺利获批。

离藏之前，还需由西藏地方政府发给我一张由拉萨到竹摩的往返马牌。旅藏多年，西藏朋友送给我许多珍贵佛像，我想把它们带回内地，计划将来回南京开一个西藏博物馆，将西藏文化介绍给内地的人民。故趁这次途经印度时暂存这些佛像，待旅游尼泊尔结束后，即携带回南京。礼品中最为珍贵的是金铜佛像八尊，其中有一尊释迦牟尼古佛像，据说是释迦世尊在世时亲自开光过的，蒙功德林活佛所赠送。还有詹东公子送我龙花藏毯一条、索康噶伦送我藏垫四张、阿沛·阿旺晋美孜本送我新式藏毛毯一幅。这些礼物需五匹骡马驮运，加上我和三位随从四骑，故马牌上写明有四骑五驮。

## 二　中印道上

### 1．曲水大木船渡雅鲁藏布江

一月十四日上午十时，我们启程出了拉萨城。路经回教园林时，又有川、回两帮之藏民为我送行，小坐片刻后，好友江新西少将送至丹巴村（哲蚌寺附近），乃依依告别分手。

行至第一站聂塘，聂塘距拉萨约四十华里，是拉萨西边一大农场。所种农作物较丰富，大多供应拉萨城所需。在聂塘拥有庄田最多的贵族是柳厦拉基强左，其他贵族近年来亦多争买拉萨附近之庄田，因拉萨市内农产品、柴草价格较西藏各地均贵。而远在后藏那些庄田，面积虽大但年收入不及拉萨附近一小庄田。

聂塘有拉朵寺及卓玛拉康二所寺庙。卓玛拉康是阿底峡尊者由古格来藏时所建，寺内主供阿底峡尊者为由印度带来的一尊度母佛像。拉朵寺为哲蚌寺之一扎仓所属，二寺甚为庄严，朝拜者众多。

第二天行至曲水，曲水为拉萨西面大农产区，地处雅鲁藏布江及拉萨河交汇处。河边有大木船专供渡人、牲口及货物过河。渡口有一名头人负责收取过河费用：每人、每匹骡马收藏银六钱。所收费用除缴纳差饷外，悉做贾桑寺之供养金，故贾桑寺的建筑极其庄严华丽。

上了渡船，船夫见我是汉官，特向我索要酒资及纸烟，均给予之，故欢喜不已。听说贵族擦绒·达桑占堆曾建议，在此修一铁桥以利交通，但时隔多年迄未修建。藏人顽固派怕修了铁桥，易令外敌长驱直入拉萨也。

曲水曾是擦绒·达桑占堆发迹地。清末汉、藏失和，十三世达赖逃印。汉兵追达赖至曲水，擦绒·达桑占堆率众隔河相抗，历一昼夜，十三世达赖侥幸逃亡。俟满清逊位，十三世达赖在印获得英国人之新式枪械援助，乃返藏将驻藏汉军击退，并格杀所有西藏贵族中亲汉者，升迁擦绒·达桑占堆为马基（陆军司令）。擦绒·达桑占堆原系一弓箭手，因兼并贵族擦绒子女及财产而升为贵族。

## 2. 翻岗巴拉大山

为翻岗巴拉山，故鸡鸣即起，起行时天色朦胧，难辨东西，冷风拂面、寒气逼人。岗巴拉为前藏与后藏有名大山，海拔五千二百公尺，南临羊卓雍湖，北倚雅鲁藏布江。山势陡峭、道路崎岖，骡队上行十五公里至山顶，已逾上午十时。

途中巧遇詹东公子叔父，他是后藏僧官，数年前我旅行后藏曾受其鼎力帮助，派遣向导及骡马助我游萨迦寺及后藏各地。今在途中相遇十分难得，我乃改变行程，在白地留宿一宵与友畅谈。

詹东叔父原受摄政王热振活佛派遣，在后藏负责管理九辈班禅之财产。一九四七年热振活佛在布达拉宫遇害，新摄政王由达隆扎阿旺松绕图多继任。前藏政府即委派朗萨林为日喀则总管，派扎萨喇嘛为扎什伦布寺总管，又派了扎萨群丹拉为助理，并增百名藏兵在后藏驻守。权力斗争致使詹东叔父颇受排挤、难掌职务，此次他便是来前藏向达隆扎辞职，幸而获准，乃返回后藏。他对我言，从此闭关修行不再卷入政治纠纷了，我乃宽慰并赞同他的打算。

## 3. 赴浪噶子

晨起赶往浪噶子，途中遇英国人黎吉生。他告诉我，自任印度驻拉萨商务代表以来，已服务于西藏多年。自一九四七年印度独立后印巴分治，印度驻拉萨商务处已改由印度人主持，现在他将被调往非洲服务。友人远别，我乃赠送他云南鹤庆火腿一只，但他和他的仆人不知如何烹调，于是嘱随从札西悉心教授他们。

英国官员在西藏旅行也乘乌拉，出行时有多位随从、仆人跟班。仆人多为锡金人或尼泊尔人，均穿制服（内穿藏服，外穿红色马褂）。此次黎吉生随行有五个仆人，其中一人打前站，专安排宿处及乌拉。

由白地赴浪噶子，一路沿湖边而行，道路平坦，历三个多小时即到达。当晚与黎吉生在驿站比邻而息。

### 4．札拉雪山

晚上试与拉萨通电话，声音不清，实听筒已陈旧，用时必须对着听筒不断吹气。电话中得知拨发的旅费已汇出，可径向印度加尔各答中国银行洽领。

晨六时半，与黎吉生同时出发。离浪噶子约三里即踏入山道，山道冷风彻骨、荒僻异常。急行十里至札拉雪山，山顶积雪深及双膝，雪光耀眼，刺得人睁不开眼，没走几步即体力不支、喘息不已。在那隆可以遥望札拉雪山，冰峰积雪千年不化，系羊卓雍湖永不枯竭之水源之一。札拉山中有山溪数道，流经那隆，汇入江孜河。河水夏季暴涨，冬季均已结冰。山内乱石纵横、岩石斑驳，是一片荒芜的世界。为赶时间我们未曾休息继续前行。

在山顶遇见根桑活佛之侍者王喇嘛，此时他正由印度步行返藏，与之匆匆数语而别。下午三时行抵那隆，这一天从晨六时半起程，马未停蹄连续行走了七个半小时，此时已累得抬不起腿来也。

### 5．江孜—西藏农产区

从那隆至江孜约有卅英里，本是一日路程，因前日行李驮子落后，至深夜始达，故晨起只行至古希。今七时半离古希，天色阴霾、冷风瑟瑟，颇有降雪之意。殊未行数里，忽日光普照，顿觉温暖，原来已行至江孜。古希距江孜约十五英里，沿途村庄栉比。因江孜为西藏农产区，西藏大贵族如帕拉、赤仁、彭雪、彭康及菊哉等庄田均在此地，英国人驻江孜兵营亦在宗南两英里处。

江孜不仅为农产区，且为商业贸易区，市内商店林立，各种日常用品均可买到。西藏各地的羊毛，均经江孜运往印度售出，故江孜家家户户都织羊毛地毯及羊毛斗篷（披肩，亦名大氅）。江孜市内通用印度卢比和藏银。现任江孜宗宗本有两位，一位名叫仁刚色，另一位名叫噶雪巴色。我所骑的乌拉，须在此处更换，故在江孜准备休息一日。

至江孜，我们宿于市郊噶巴庄。庄主人正外出未归，家中有其子女及仆人。长子名慈仁多吉，现随拉鲁噶伦在昌都服务，幼子慈仁彭措十五岁，姐姐彭措拉十九岁。庄主房屋宽大，室内颇多汉式家具，据云其庄田年产约六千克青稞。

## 6. 英国人沿途建的驿馆

从江孜起到锡金岗拖止，英国人沿途建有驿馆，亦称驿站。馆内有管理人员，或为锡金人，或为尼泊尔人。驿馆设在市区或郊区，为一独立建筑。屋内设备齐全，有卧室、浴室，还有厨房。旅客如无官方住宿证件，则无法入住驿馆。

我的住宿驿馆之证件（Bungalow Pass），虽在拉萨印度商务处已获批准，但须到江孜由江孜兵营发给，故晨起与随从札西一同前往印度兵营。至兵营后说明来意，札西上前赠予小礼品：饼干一盒、鱼罐头两个、酱菜一瓶。负责人客气地将证件亲自送来，并说早已接到拉萨通知，先生为何迟至今日始至？我致谢后说，因公务太忙故迟了多日。

证件上注明，自江孜至帕里宗有五站：一、火烧岗（Sougang），二、沙马达（Samada），三、噶拉（Kala），四、朵纳（Tura），五、帕里（Phari）。每站途程或长或短，共需五日行程。我记得一九四五年冬季入藏时，这段路仅走了四日，或许因那时骑了自备骡马。

到达火烧岗驿馆，其管理人系一尼泊尔人，约四十余岁。介绍自己来西藏二十五年了，先在印度大吉岭工作，继派来江孜。有子女八个，长子已二十九岁，亦在驿站服务，月薪五十印币，心感满意，云云。又称赞我的藏语讲得流利，并告知从十二月起驿站有新规定，即持有驿站证件者为优先，凡藏人及尼泊尔人的仆人均不得入卧室，以免污染等。

邻室是一对英国夫妇，他们自去年来西藏边境做测量，迄今已工作了大半年，据云还需继续工作很长时间。

## 7．帕里宗—中印边境要道

离江孜行四天路程，路经两大草原，风和日丽，商帮不绝于途。藏民的羊毛驮子在噶伦堡售价每驮一百四十盾，故沿途运羊毛驮子甚多。但闻今年自印度独立派管制以来，印中商贸已不如往年兴盛。

第五天中午抵帕里宗。帕里为西藏通往印度、锡金、不丹的交通要道，海拔四千三百多米，也是藏南贸易中心。人口相对稠密，住有西藏人、汉人、尼泊尔人、不丹人、锡金人、英国人、印度人等，半农半牧，但多数人以转运为业。

汉商在帕里设有分号的有"马铸记""兴记""恒顺康""茂恒"四家，多以销售滇茶、经营羊毛出口为业。

西藏邮政至帕里为终点，故由内地寄西藏之信件，是经印度送到帕里，再贴上西藏邮票方可寄往拉萨。"马铸记"之侯君，专为拉萨小学及驻藏办事处人员在此转寄信件，已工作多年，功德无量也。

帕里旧式房屋多用木板建成。西藏大商行如"邦达昌""桑都昌"等，在帕里已用钢筋水泥建成大仓库，多为存储货物所用。

帕里与不丹仅相隔一山，山名叫则马拉。不丹之大米、木板出口至西藏，而又将滇茶、布匹等输入不丹。不丹人与西藏人交易仅收现藏银，不收纸币。

到达帕里后停留了三日，因有许多事务待办，亦需休息一下。当时帕里宗宗本崔柯及税官均在印度办理军火运藏事宜，因藏政府在印度购买了五千余箱军火，已运藏一千五百箱轻武器，至于重武器则运输困难也。

## 8．亚东关—中印分界点

离帕里，轻松行六英里至拜那寺，侯君赶来送行。从拜那寺前行，道路甚平坦，路面已加宽约有四英尺，石底沙面，但还未达到标准公路之尺寸。

从噶乌至下司马，沿途山沟纵横、道路曲折。行两小时到竹摩寺，见寺庙建在高山上，一座具有汉式又有西式风格的宏伟建筑，令人神往。寺前有一大草坪，景色如人间仙境。

午十二时行抵下司马，见街道两旁有汉人经营的商店数家。郊外驻有印度兵营，兵营之建筑为西式，红顶白墙，有廿五名印兵驻守。下面有一大操场，每晨印兵集合，升印度国旗。印度商务代办处即在山上，我的赴锡金岗拖签证，需由此签发。其主事者为锡金人，于是派札西前往取之。

西藏之乌拉到此为终点，由下司马到印度须另雇骡马。在驿站询问去锡金岗拖之马价，头人回答说目前骡马价大涨，每匹要三十盾印币。札西上前还价，说竹摩总管规定，每匹仅十六盾。于是最后以每匹二十三盾成交，头人每匹赚了七盾。札西嫌马价贵，将行李归并为四驮，并把笨重之物寄存于下司马。

十一时半由驿站起行，行两英里至亚东关，此是藏、印分界点，关内是西藏，关外即属印度。

亚东关即藏方海关，亦为税卡，凡出入境之人与货物，须经严格检查。主管名邦达养壁，多年来工作兢兢业业，以经商所得尽捐献给西藏政府，故为表彰他的效忠，乃委派他为亚东关主管。我与他相识多年，每次他去拉萨出差，索康常宴请邦达、阿沛·阿旺晋美与我。邦达与桑颇是姻亲，逢邦达出差乃由桑颇仆人代理事务。这次经亚东关时恰邦达不在，其助理告诉我，西藏商务代表团已于上月，即十二月初九飞往上海也。

## 9. 登那铁拉山

行三英里至仁进岗，即开始登山，山名那铁拉，是通往锡金岗拖之要道。如果由亚东赴印度噶伦堡，则须翻龙朵拉山，驮运要经六日始达。那铁拉山适降大雪，路滑难行，随从小心地牵马而行，四小时后行达群佩塘驿馆，当晚即宿于驿馆。

次日离群佩塘驿馆，距山顶还有五英里。沿途森林茂密，雪后道路奇滑，骡马不宜独行，需轮流牵辔而行。行三小时抵那铁拉山山顶，山顶风大奇冷，积雪厚达盈尺，从山顶俯视山足，山势险陡令人心惊。

行至十一时，大雾迷漫由远而近，伸手不见五指，道路难以辨清，仅闻前面骡子铃声跟随而行。中午行抵群柯，距岗拖已近。锡金政府已将道路修至山足，石基沙面，宽约八英尺。闻前年夏季，曾试行吉普车开至群柯。群柯为一山麓，道路盘旋于山腰间，十分险陡。行至十五米里（地名），骡帮们均在此处休息，但我打算行至十米里（地名），故继续前行。因在十五米里无草料，骡马仅以竹叶为食，故消瘦。行途中见居民砍下竹叶及树枝，堆于道旁出售。离十五米里，天阴忽降雪，路滑异常，便牵马步行。下午四时终抵十米里。

## 10. 至锡金首都岗拖

入夜雪降愈大，睡梦中时被轰隆的雪崩声惊醒。天亮了，睁眼一片银白世界，真有如梦如幻之感。久候骡马未至，因是夜里马房被雪压塌，鞍辔难觅，故十时才到。

十时起行，道路险峻，多是悬崖。步行五英里至锡金首都岗拖，始见阳光，气候亦稍暖和。乃入住驿馆，并派人去市区雇车，准备赴印度噶伦堡。随从回来说，仅有大货车，雇不到小车子。于是我前往拜访友人锡金省省长古尔德（Sir Basil J. Gould）夫妇，我们双方用藏语交谈，颇感亲切。

省长夫妇是英国人，能说流利藏语，一九四〇年我与他们在拉萨相识。省长告诉我，他很快将调离锡金，下任省长由印度人接替。并说他的车子去了大吉岭，帮不上忙，很抱歉。后来我们还是雇到了一辆小汽车，要价七十五印币，于是可直驱噶伦堡。

从下司马到岗拖，驿馆不再免费居住，每站需付房费二盾、电费八安、水费八安、打扫费八安及小费若干。

## 三　印度境内

### 1．抵印度噶伦堡

晨起整理行李，因车子仅能坐人，不能载行李，乃嘱札西将行李雇骡马运赴噶伦堡。

十时离开了岗拖，时大雾迷漫，汽车盘旋行抵山足，始见阳光。十一时行抵锡金与印度边境龙布，有一警察岗亭设在桥头，检查进出车辆和骡马。我们通过了检查，乃继续前行。

十二时抵印度一小镇噶伦堡。下车前往汉商"马铸记"投宿，居处十分拥挤，并遇见了崔柯、汤埋二藏官。他俩来印是为转运军火往藏并购买电器设备，他们告知西藏商务代表团已从印度新德里飞往南京了。

第二天大东商行张少卿为我在"文发隆"找到一住处，比较清静。午餐后，乃往警局办理登记，警察是后藏人，我申请在印度居留五个月，他允许先给三个月。

晚上赴"兴记"经理梁子质为噶伦堡中华小学筹款晚宴。梁君是该校董事长，多年来为旅居噶伦堡的华人子弟办学尽心尽力。他告诉我，中华小学年需经费约一万八千印币，现正向各方募捐，陈锡璋处长已捐了三百。我于是义不容辞亦捐了三百。

## 2. 寻找译员

来印时，尼驻藏代表 Major Kaisher Bahadur（凯谢尔·巴哈杜尔少校）先生曾写一函致其侄，嘱寻尼语译员一名，偕我同赴尼泊尔。其侄住尼九米里处，相约介绍一王君为译员，但因索要酬劳过高，便拒之。

次日继请"马铸记"少东马家夔代寻，马君为我介绍踏青先生，原是噶伦堡藏文报发行人，但他因事务繁忙不能赴尼。

最后由噶伦堡中华小学沈福民校长推荐谭君，名本郁，原籍广东，受聘在锡金中学教书，能讲流利藏语、尼语及英语。适逢假期，他很乐意随往尼泊尔一游，酬劳仅需印币一百五十盾。

## 3. 大吉岭 St. John（圣约翰）学校

译员既定，乃偕沈校长前往大吉岭一游。大吉岭距噶伦堡三十二英里，中间相隔司达河。该河发源于哲孟雄境内，汇合雅鲁藏布江而入印度河。大吉岭海拔五千余英尺，噶伦堡仅三千余英尺。

下午四时抵大吉岭，住于 Mont Everest Hotel（珠穆朗玛峰旅馆）。旅馆建筑宏伟，有客房二百余间，每日房费七盾半。时正冬季，游客不多，故很清静。大吉岭原为锡金国王财产，英人买下已多年，公路及铁路均通达，住有英、印、尼、中各国居民，并有多所学校。

我们参观了一所美国教会所办 St. John 学校，有住宿学生三百余人，师资及设备条件在当时算是最佳的。校长美国人，名 Rerh Barre（雷尔·巴雷），由美国教会所派。学校为大、中、小学混合式，其中小学七年、中学四年、大学预备二年、硕士二年。在小学即教第三种语言，设有巴利文、英文、印度文、藏文、尼泊尔文多种语言，中学较注重英文。学校有西藏学生四十余名，并有一规定，如不懂尼文和藏文者不能毕业。

在大吉岭我为凌纯声院士购得西藏唱片七张、英文书籍数本。因凌院士在南京创办了西陲文化教育馆，他很需要资料，这些唱片及书籍在国内是很难寻觅到的。

下午从大吉岭返回噶伦堡，适逢这天是中国农历正月初一，在噶伦堡的华人们张灯结彩、喜贴对联，正欢度中国新年。

## 4．加尔各答遇佛友

晨起请译员本郁雇汽车三辆，准备离噶伦堡赴加尔各答。因噶伦堡与西里古里之间正在修路，不能通大卡车，故行李分两辆汽车装运，每辆收费三十二盾。行四十英里经警察局，便申请登记离境，殊警局登记处以未发居留证为词，不准我离境。后经交涉，警方通融发临时居留证离境。但临时证上需本人照片四张，仓促间自摄二张，由沈校长转交。我的护照及亚东入境证均须留于警局，转予大吉岭县政府办理。

自印度与巴基斯坦分治后，两地交通不如往时便利，尤其圣雄甘地被刺，沿途时有骚乱发生，故我们决定买红十字车厢票。红十字车厢较为宽敞，在每列火车中仅有一节，七件行李亦装入车中，不料管理人员大敲竹杠，结果交费五十四盾方告解决。上午十时，火车抵达孟加拉省加尔各答。

下车后，往加城"文发隆"会晤陈炳章经理，蒙他送我至爱文纽旅馆下榻。在旅馆巧遇立法委员黄蘅秋先生与前汉藏教理院汉文老师陈健民先生，他俩均是资深的佛教居士，此次由南京前来印度朝礼佛迹。陈健民与我均系贡噶活佛弟子，一九三六年在四川同受贡噶活佛传授殊胜密法。于是我即搬入他们隔壁的房间，以便会晤交谈。

到达加城后我便忙于很多事务，本准备为黄蘅秋立法委员回国送行，哪知他已留书辞别。书中赠余一联：碧落苍天一色，松风明月同怀；并言到昆明后将题字盖章寄来。陈健民先生决定暂留噶伦堡闭关修行，由云南商人张相诚先生护持闭关。

## 5．中国驻加尔各答总领馆

中印两国早已建立外交关系，在印度未独立前（一九四七年印度独立），中国在印度加尔各答设有总领事馆，办理侨务。印度独立后，中国在新德里建立了大使馆，第一任驻印大使是罗家伦先生。

至加尔各答后，我乃前往中国驻加总领事馆，将驻藏办事处陈处长所托信件及云南火腿一只，交予蔡维屏总领事。蔡总领事与我也是旧识，他原是政治大学英文教授，后由教育界转为外交官。交谈中他义正词严地斥责去冬西藏地方政府派出的以夏格巴为团长的"西藏商务代表团"，持西藏地方政府护照出访印度和欧美，妄图争取西方各国对西藏独立的支持。由藏至印后，代表团要求印度发给出访欧美签证，罗家伦大使即向印度总理尼赫鲁提出抗议，申明中国是西藏主权国，西藏代表团出国护照应由中国政府发给，结果代表团没有获得印度签证。于是蔡总领事电请中央派中航飞机来印，将西藏代表团接往南京，以示中国政府对西藏主权的行使。

因驻藏办事处及拉萨小学有许多事务需在印度办理，蔡总领事介绍办事员吴、廖二位协助我。如交通部驻拉萨电台需采购电器零件，驻藏办事处需购买办公用品及洋酒洋烟，拉萨小学欲购文具、乐器等。而驻藏办事处不是外交机构，不能免税，必须由驻加总领事馆出面采购方可免税。故驻藏办事处在驻加领事馆内设有办事员，薪水由驻藏办事处发给。

我在领事馆认识了各位领事，当时陈以源领事主管侨务及教育，薛主事主管电讯，还有副馆长何锦山领事、虞慧生领事、刘主事、会计等。他们都鼎力相助，又热情招待，在异国他乡令人备感同胞温暖。

## 6. 为驻藏办事处及拉萨小学采购

和吴、廖二办事员一同前往各商铺,购买学校所需之文具及乐器。自拉萨小学推出电化教育以来,深受师生喜欢。学校组有电影放映队,电影拷贝除由教育部提供外,学校自己也拍摄当地人文风景,补充教材。今春还准备成立童子军乐队,丰富学生文娱活动。此乘札西返回拉萨之便,乃将所购买之物,装箱运返拉萨,并请蔡领事出具文函,请印度海关免查放行。

晨往领事馆,接获驻藏办事处陈锡璋处长来电,电文曰:"请转邢校长肃芝,关于兄申请入尼访游事,兹准。此间尼代表通知,已呈奉尼总理批准,并以该国现无旅行便利,势须官方协助办理等情,希即将一、随行人数,二、何日可到印尼边境拉苏(Raxul),三、自兵彼底(Bhimphedi)至尼京一段需用肩舆几乘,各项电知本处,俾便转知尼代表呈报。又兄至少需于起程前一星期,以电报通知尼外交部长,其姓名地址如下:Care Phone Raxaul Commanding Major General Bijava Shumshere。兄英文名请用拼法,又兄系私人旅行,性质当避免正式官样交接,至尼手续及交际礼节如有疑问,可请蔡领事指教,游历所得请报处。弟陈锡璋叩丑元。"

阅完电文,即由蔡总领事出具介绍函,致尼国驻加尔各答总领事 Daman Samsher Jung Bahadur Rana 先生。

## 7. 加尔各答中国商人

当时中国商人在印度经商者,很多做麻袋出口生意。因印度政府管制麻袋出口,将出口麻袋项目交与中国驻印总领事馆,由领事馆分配给注册商行,由商行运往中国销售,多数有赚无赔。

加尔各答交通银行现任行长王正序、副经理王海根、负责主管拉萨小学账户者是王任民，均认真尽责、和蔼可亲。据说自中印外汇管制后，银行业务已见清淡，每年在印营业不过数百万。幸华侨皮革联合厂成立后生意不错，每年约可赚三四十万盾。

云南商人金雪渔先生是茂恒公司在加尔各答分公司的经理，热情邀请大家在费尔波大酒楼聚餐。费尔波虽是印度有名餐馆，因战时食品受管制，每人仅限供一菜一汤一吐司而已。虽餐饮素简，但大家依旧尽兴而聚，席间还有薛启培夫妇同桌。

### 8．为沈宗濂处长寻住处

晨接到陈以源领事电话，言沈宗濂处长从印度首都新德里打来电话，嘱加城领事馆代寻住所一处。陈领事因我是驻藏办事处职员，也是沈处长部属，故邀我同往找寻。

沈宗濂处长是一九四四年到拉萨任驻藏办事处处长，早年毕业于清华大学，后留学美国，曾在外交部任职。到西藏后因不适应高原气候，身体有恙。一九四六年十一月十五日，南京制宪国民大会开幕，沈处长成功说服并安排十四世达赖喇嘛的二哥嘉乐顿珠、姐夫平措扎西及贵族古桑子、电报局局长曲登丹达等人接受南京之邀，前往参加制宪国民大会。西藏贵族以前多与中央政府保持距离，沈处长能成功说服他们走出这一步，足见他多智多谋、工作成绩卓著。一九四七年冬沈先生离藏，受上海市市长吴国桢任命为上海市政府秘书长，离藏前亦曾往访尼泊尔。

随后我们在加城为沈先生寻到住所一处，与总领事馆同一大厦内，原系中央信托局办公室，甚为合适。

### 9．筹备赴尼手续

几日来积极筹备赴尼手续，而以缺少参考资料为苦，虞慧生领事相告，领馆档卷中有不少关于尼泊尔旧档卷，可作参考。

中尼关系在清朝虽甚密切，民国以后间断已久，迨至民国十九年发生中尼冲突事件，致关系显紧张。中央政府即派驻加尔各答总领事卢春芳赴尼处理。同年十月又有蒙藏委员巴文峻赴尼，呈递了我民国政府主席致尼国国王函，中尼纠纷得以解决，中尼关系复好。后至民国二十三年，我国政府授予尼总理"达觉塞尔"宝鼎勋章及特授状，民国三十四年又有行政院黄慕松等人赴尼访问。民国以来中尼关系即在若断若续之间，迄未建立正常外交关系。

总领馆前领事刘宗汉根据英文资料，译成《尼泊尔概况》一书，记述颇为精详，实为此次赴尼极佳参考资料。

三月十二日与译员同去尼泊尔总领事馆，终取得前往尼国签证。

为赴尼后如何获得返回印度签证，我特约何锦山领事商谈并共进午餐。因我不是印度长期居民，如向移民局申请不易被批准，何领事说他有办法，可以直接找孟加拉省省长。

乘坐领事馆的车子，与何领事同去孟加拉省府，因省长正与各局长开会，候至下午两时仍未见面。下午三时又去省府，省长说，邢君是临时居留，离印后护照即作废。何领事据理力争，省长碍于情面，勉强在我的护照上签了准许由尼及中国返回印度的批示。

一切手续已准备妥当，最后电告驻藏办事处，本人已定于三月十六日离印赴尼，偕随员二人：一尼语译员，一随从。准备礼品有派克笔两支、茶具三套。至于何时返加尔各答，当再电告。

## 四　访游尼泊尔

### 1．渡印度恒河

下午前往豪拉（Howrah）火车站，领馆数人及薛氏夫妇前来送行。

车位是二等车，虽订了座位，但仍很拥挤，因不少买三等车票的亦挤在二等车内。四时半开车，九时行抵比哈尔省，车站名阿桑苏（Asansu）。午夜一时行抵札札车站，乘客渐稀，见窗外景物较荒芜，气候亦较孟加拉省寒冷。

凌晨五时，天色朦胧中行抵默汉穆（Mohameh）车站。此为近恒河渡口之一大站，从孟加拉豪拉开来之列车即止于此地，赴尼泊尔旅客需换乘小型火车开往恒河渡口。天色微明，在默汉穆车站之南侧转换小型火车。车上是一律三等车位，非常拥挤，很多苦力挤在旅客中，以便渡恒河时抢得生意。六时半车行抵恒河口，地名默汉穆长特（Mohamechangte），渡口无月台，直接步行至河边，凭火车票即可登船，无须再购渡轮票。

渡轮甚大可容纳千人，楼上为头、二等舱，楼下为三等舱，船上空气清朗。七时五十分渡轮行至巴里卡特（Bralikte），再乘小火车至沙高里（Sagauli）。巴里卡特是恒河边上一片平沙地，所谓车站仅是用芦席及草垫搭盖而成，看上去有些荒凉。时当正午，烈日当空，苍蝇尤多，颇为酷热。

十二时十五分抵索莫斯布尔（Samastpur），又经过大小车站八九站，于下午五时半抵朗格瓦（Ramgarhwa）。时已日落崦嵫，平原上仅见三两个农耕者在田间劳作，一挂牛车彳亍于途，甚觉沉寂，故不知印巴之间时有纠纷发生也。

## 2．入住尼国政府招待所

晚七时，火车行抵拉苏车站，心正寻思着当晚将宿于何处？不料有人前来询问：台端是否前往尼国者？尼国招待官员在此已等候三日矣，并准备了食宿住所，因久候不至，正在焦急。于是便引领我进了尼国政府招待所。招待所离拉苏车站不远，是一栋宏丽楼房，花木丛生，环境清幽。当晚招待的是西餐，餐后因非常困倦，乃蒙头入睡。

晨闻敲门声起身，见是一尼国官员，他的身份是移民局局长，住于尼境比里根则（Biyganj）。因奉尼国总理之命，前来接待我。并告之，我在尼国旅行的一切食宿均由尼国官方招待，我表示了至诚的感谢。

早餐很丰富，有牛奶、鸡蛋、面包、麦片及红茶果汁，例偿服务生小费六盾。早餐时，有两位印度新闻记者（M. M. Gupta United Press of India）前来访问，对尼中纠纷事件提问。我早有提防，避开所问，并告之我并非中国西藏政府派来官员，半小时后他们始退出。

早餐后，由拉苏火车站站长陪同入车站，乘坐头等车厢。车厢内已布置一新，除我们三人外，还有一位是尼国农林视察官员。该君对于西藏十分熟悉，并对喇嘛教亦颇有研究，故交谈融洽。他特别表示尼国人民至诚支持中国人民对日抗战，我听后十分感动。又说自清代以来，中尼关系甚为友好，虽因交通阻隔，而两国使节仍有往来，希望两国不久恢复外交关系等。

## 3. 尼泊尔狭轨火车

火车八时开行，尼国火车是狭轨，仅有普通火车一半大。车厢招待员是一位尼泊尔青年，名 Subedar Jit Bahabur，对沿途地形很熟悉，他有一叔父在拉萨工作。行三英里至比里根则，即尼泊尔国境，凡属入境人员，均需检查护照，并办理登记手续。列车到站后，招待员先下车通知护照局局长 S. R. Pant（Suffa），局长亲自走进车厢接见我，态度和蔼可亲，思想新颖，我也向他表示了诚挚的谢意。

火车九时十分行抵巴瓦那（Bawana），九时四十分抵介布里（Japura），十时抵新拉（Simra）。新拉是一片千顷平原，有一个旧飞机场，尚停有旧飞机一架。新拉平原过后，地势变得陡峭，两旁森林浓密，一目可见数十里。早就闻尼泊尔是地表差异最大的国家，有最丰富的动植物生态景观。

据招待员云,森林内有象、犀、虎、豹等稀有动物,故英国人来尼境狩猎者很多。当年印度沦为英国殖民地,曾一度英国人也想征服尼泊尔,英军行至森林地段,尼国人拼力抵抗,结果英军大败,遂签订了互助条约。

十二时火车行抵阿马赖根则(Amlekhganj),此为狭轨火车最终点。计从拉苏至此,全程共二十四英里。头等车票为四元十一安,车票上特注明尼泊尔政府火车(NEPAL GOVT RY)。

## 4. 昂巴巴大尉

行抵阿马赖根则时,尼政府派另一接待员备有汽车在火车站外等候。火车上的招待员辞别而去,我与两随员坐上汽车继续行程。

至此始欣赏喜马拉雅山道风光,沿途山峦叠翠,沟壑纵横,道路崎岖,犹如哲孟雄境内山道。载我们的汽车开得风驰电掣般,途中车辆无不让路。历三小时行抵兵彼底,这是位于山沟狭谷中一大村落,居民多约二百余户。汽车仅能开至此处,接着必须骑马翻越喜马拉雅山。其山名沙巴尼格里(Chisapauigari),山势险陡,稍不小心即有跌落悬崖危险。招待所亦在山顶,计从阿马赖根则到此共二十八英里。

至招待所后,由昂巴巴大尉(Capb Amber Bahadur)亲自接待。大尉年五十四岁,因日前接到尼总理打来电话询问,故知有位中国客人将到达。他对我的到来表示欢迎,并说自古以来中尼甚为友好,中经间断,近年来又复往来,希望双方多加联系,以达共荣之目的。我对他的接待表示感谢,并请帮助代换二百盾尼币以备应用。

印币与尼币币值相等,在数年前印币一百盾仅兑换尼币六十盾,因尼币是纯银,而印币是镍制,目前尼政府仍然禁止民众携带现银出口。

## 5. 喜马拉雅山道

从七沙巴里始即上山,山顶缆车铁架高耸,蔚为奇观。尼政府在喜马拉雅山上建有电动缆车，用来运输货物。从印度进口的货物，按每箱五十公斤计，由山足运过山顶仅两英里，既省又快。据悉尼境运送货物，均用缆车，从兵彼底至加德满都有二十英里，货运三小时即可抵达，每门货物收费十四安那，价廉且迅速，颇为便利。

上山时晨光微曦，林木苍郁，气候甚寒，盖已深入喜马拉雅山中。乃下马步行仍觉瑟缩，待日出后，气温稍稍转暖。山间行客甚多，见许多尼泊尔人步行翻越喜马拉雅山，有妇女攀岩者，也有乘轿者及背背者。这里轿子为两头尖，由二人或四人抬之，上山时乘客面向前坐，下山时乘客背对前坐。背背者皆用竹篮或藤筐装物背于后背，此为尼国途中另一风光。山间道路十分峭陡，故汽车无法开行，闻尼政府已将车道延修至比里根则，但年内尚无通车希望。

从七沙巴里至仓科约十英里，山岳起伏，走过一段最令人心惊胆寒的险途。山边沿途村庄栉比，田连阡陌，因气候温和，每年可种两季稻麦，产量甚丰。我们经过时正值麦季，禾高约六寸，农人忙于耕种，田间有时亦见蚕豆及其他菜蔬，如葱、萝卜及瓜果等。

行过村庄，见到很多鸡、鸭、牛、羊等家畜，因印度教徒不食猪及牛肉，仅食羊肉，故猪不多见。水牛色灰多毛，耕田时多二牛并驾，亦如西藏，殊土壤甚肥。乡间房屋多为两层，土红色外墙，大多红砖砌成，屋顶以茅草或红瓦为盖。屋外搭有小泥灶，为旅客烧茶之用。村旁小摊上有甜茶出售，甜茶是尼国人最常喝的饮品。

尼泊尔人精于手工艺，房屋门窗均雕刻精致，连乡间木门木窗上都刻有图案，十分精美。

晨翻宁阿里山（Ningali），属喜马拉雅山脉一部分。九时行至麻古力桥（Makul）、十时至格林桥（Kitling），接着又翻一山，十二时至吉郎（Chitling）。因晨起匆忙未进早餐，此时饥肠辘辘，到达仓古（Thanku）时久久找不到小茶馆，而所携饼干又在后行李中。后终寻得一小茶店，先得数杯开水止渴，嘱主妇煮四枚鸡蛋充饥。主妇用油煎了拿来，谭君先食之，主妇又水煮了两枚鸡蛋，我才急忙吞之救饥。

从仓古西望，面临峭壁，隐约有道路，即仓古山也。山路险陡，森林茂密，每行数步马即力竭而嘶，时有下坠之虑。骑在马上心惊胆寒，想数年来在西藏骑马翻喜马拉雅山，也未曾有如此所遇。壮胆行至山顶，从山顶可以遥见尼泊尔京都加德满都，见山下道路纵横，犹如掌纹。继步行下山，约五十分钟至仓古。见山间茶花盛开犹如火焰，猕猴跳跃幻如仙境。下山后遇一关卡，盘查甚严，询明身份始准放行。随后乘坐尼国外交部所派专车，驶往尼京。

从山足至尼京加德满都约八英里，车子颠簸得厉害，路旁林木翁郁，景色宜人。尼京市里有出租汽车，因汽油并不贵，收费合理。尼泊尔是世界上平均海拔最高的国家，与印度之间隔座喜马拉雅山，故有些地方有路，有些地方没有路，交通不便利。尼京的汽车都是靠人力从印度搬运过来，大概一辆小汽车需苦力七十人，一辆卡车需苦力百人也。

下午三时抵加德满都，被招待住在一特备官邸。官邸系独栋房屋，有卧房三间、会客室一大间、厨房及浴室齐全。四周花木扶疏，宽敞而华丽，还有厨师及两位招待员。招待员告知此地名为巴德林萨札，左右附近均为尼京官员住宅。

一入官邸，招待员即刻向尼国总理摩汉桑仙（Mohan Shamsher）报告。旋奉总理指示，嘱向客人问好，并表示旅途劳顿好好休息，待改日通知约见。接着厨师备上茶点招待，招待员是位年轻活泼的尼泊尔大学毕业生，询问我明日游览计划，说明日将陪同导游。

## 6．加德满都大学

加德满都为尼泊尔教育文化中心，当时有大学一所、高级中学七所、中小学二十五所、军校一所、女子学校一所、私立学校多所。

尼泊尔学制大约如下：

幼儿园二年（五足岁以上），

小学二年（读第一、二册教科书，无英文课），

初中四年（读第三至六册教科书，设有英文课），

高中四年（读第七至十册教科书）。

首先拜访了教育部长，部长名未里根则桑先，由他陪同前往加德满都大学参观。这是当时尼泊尔唯一的一所大学，大学校长名 M. A. Rudraraj Pandey。学校的外观很美丽，但教学设备尚较落后。全校有学生六十多人、教师二十五人，即将毕业学生十四人。大学教务长名 Offr Prmeife Bof S. F. Roy Chow Huny，系印度孟加拉人，因病正在印度治疗，其职务由吉臣德康拉巴朵沙哈代理，现正筹备分系工作。该大学图书馆成立了六十年，有藏书七千多册，收藏古代梵文书较多，有珍贵的一千五百年前之贝叶经数部、有前清中文大藏经一部等。图书馆主任名为 Paudrh Chitharsh Bajrb Charya。

尼国新式教育实行并不久，前几代多系留学印度，直至贝里桑仙总理时代始建达瓦中学。招学生一千多人，分十八班，有教师二十三人。现尼国总计在校学生约有一万七千余人，全国有大学一所，高中五十七所。教育部计划今后五年，将增建学校一百所，每年建二十所。第一任总理江达桑仙时代曾建有巴登中学，系公立学校，不收学费。在贝里桑仙时代除建立达瓦中学外，建立了婆罗门学校三所，一切公费教授梵文。

加德满都之私立中学计有：1. 巴哈得岗，2. 泊德谟德，3. 举朵德，4. 桑德尼滚左。私立学校每月收学费五盾，其中以桑德尼滚左中学声誉最佳，颇得尼国官民满意。该校原为尼泊尔革命党不赖姆巴哈朵所创立，有学生四百余人、教师八人，现任校长为布本拉，每位教师待遇不等，月薪在六十盾至二百盾之间。

小学教育未上轨道，多系私立。尼国凡开办学校，需先申请备案，

由教育部派教师一名协助或监视之。现尼京有名的小学有：沙哈德比地亚来、尼泊尔比地亚比特，每校约有小学生百人。另外还有私塾甚多。

## 7. 游览新旧市区

加德满都位于加德满都河谷，海拔一千三百七十米，因四周被群山围抱，四季气候温和。都城建于公元七百二十三年，当时建城的帝王将它命名为康提普尔，梵语译为光明城市的意思。这座一千多年历史的古老城市，尼泊尔历代王朝在这里修建了数不清的宫殿、庙宇、寺塔等古建筑。市内有寺庙、佛塔二千七百余座，故走在街上见古塔林立，五步有一庙、十步见一殿，令人目不暇接。尼泊尔人精于手工艺，每户门窗多为手工雕刻，图案形形色色，极为精美。这些精美的建筑艺术和木石雕刻，向世人展示了尼泊尔古代灿烂的文化。

我们走到市中心一座塔庙式建筑前时，导游介绍说此厦为一根大树木所建成。公元十六世纪，李查维王朝的国王用一棵神木，建造了此幢三重檐的塔庙式建筑，名为加斯达满达尔，后来简称加德满都。尼泊尔语加德是木头，满都是房屋的意思。后来以此为中心，向外扩建了很多建筑，最后形成一个热闹城镇。

尼泊尔旧王宫宫名为西纳达瓦，中文译狮子宫。尼泊尔国王被认为是印度教大神毗湿奴的化身，宫内多雕塑印度教神像，宫外有许多塔殿，亦属印度教。王宫前耸立着一座高高石柱，上塑尼泊尔先王铜像，并有铜鸟一只。据云先王在世时，其宫前有神鸟一只，时与国王对话，每逢大事尼王恒询问神鸟。一日神鸟不见了，遍寻未回。国王奇之，因宫内每日三餐供奉神鸟之食品，供后辄被食尽，距今已多少年，仍然如故。

加德满都市区分为新旧两区。在新市区内街道宽阔，路灯、路牌整齐醒目，警察岗亭分布各主要街口，看上去不亚于现代化都市。河道桥梁均为钢骨水泥建筑。经由尼国银行步入新商业区，见商店林立，布绸店、五金店占约半英里地。在拉萨时即知尼国五金闻名，其铁刀尤驰名，刀形弯曲，刀鞘装饰华丽镶有金银宝石。于是步入一家店堂，以五元购得漂亮小刀一把，另以尼币十四元购得檀香木盒一只。旧商业区亦有很多商店，以售铜铁器为多，如铁锅等厨具、铜佛像及印度教神像等。闻听尼泊尔的凤眼菩提佛珠亦甚驰名，但上等佳品者仍不易遇得。

沿柏油路参观第一任总理江噶巴朵（Jung Bahadur，一八四六至一八七六）塑像，此像已塑立一百零二年。江噶巴朵，平民出身，因立军功而升为总理，距今已一百五十年。其任职期为清朝乾隆年间，是乾隆五十五年（一七九〇）尼国与清朝发生战事之主持人。

距旅邸约一英里有新旧两座博物馆。新馆为现任总理所建，内陈列历代王公大臣之画像及用品、各国政府所授勋章，还有中国皇帝及民国二十三年蒙藏委员会委员长黄慕松所赠物品。旧馆内一至三楼多为古代刀剑兵器，按历代战争所得战利品而分室陈列，有清朝乾隆帝于五十五年中尼战争时所赐龙袍等物品，以及光绪帝三十一年所赐予江噶巴朵之总领兵马大元帅果刚王衔及龙袍，均陈列在内。招待员事先通知，参观博物馆时不准照相。

加城有一条巴格嘛地（Bagmati River）大河，河床甚宽，冬季河水干涸，夏季始发大水。该河发源于距加德满都八英里地的巴格朵瓦，河上建有一座大铁桥，颇为壮观。有关巴格嘛地河之发源，据说乃系释迦牟尼佛在世时，因见夏季旱灾百姓无水饮用，乃发愿云：如我若是佛，平地出水。于是泉水即从地下涌出，汇成此河。

继招待员又领着我们参观了加德满都陆军学校、陆军医院、妇女医院、男人医院、军械库、总理府、警察局、救火队、外交部、农林部等，仅走马观花而已。

## 8. 帕坦—巴德岗

帕坦、巴德岗及加德满都在二百多年前是马拉王朝三个王国（公元十二至十七世纪）的都城。帕坦位于加城东南三公里处，是尼泊尔最古老的城市，建于公元二九九年。据云一七四九年尼泊尔王国三位王子发生争执，其中有一王子特清廓尔喀王不力德那那养（Prithir Nanayan）引兵进入尼泊尔，经过多年扩充势力，即征服尼泊尔全境。在一七七一年，前帕坦区为尼泊尔马拉王朝帕坦独立国的京都。

帕坦出能工巧匠，皇宫广场林立着雕工精致的石佛塔和庙宇，每个门窗及柱子上刻满了神像、花鸟和神话故事，其中建于一六六〇年的塔莱珠女神庙（Taleju Temple）极吸引人。历史上的多个王朝为帕坦留下许多遗迹，最著名的是建于十二世纪的金寺，是极珍贵的文化古迹。

距加德满都东面十余公里外的巴德岗，建于公元三八九年。这里有庞大的宫殿及神庙，精致独特的古建筑以及精美绝伦的木雕艺术，就如一个露天博物馆。巴德岗市内房屋栉比，多是二三层，楼下为铺面，楼上为民居，居民多为尼泊尔土著，有数百户之多。

在距加德满都六英里处旧王宫参观时，见王宫内住着军队，然外观仍十分雄伟。此旧王宫距今已一千五百年，名保德泊打瓦（Bhaktapar Darwar）。

## 9. 寺院和神庙

尼泊尔是世界上唯一一个印度教王国，据统计百分之八十以上人信仰印度教，百分之十左右人信仰佛教，也有人同时信仰印、佛二教，还有少数原始宗教及回教等，但印度教寺庙与佛教寺院是并存受恭敬的。走在大街小巷，有众多的神灵与神位，三步一小寺、五步一大庙，成为加德满都谷区一大景色。

帕巴新觉佛塔建于小山上，沿石阶步行上山，约五百余步，先抵达旧塔。据说此处系迦叶佛灭度处，于是我虔诚地绕塔一圈，伏地作以顶礼。山上殿宇甚多，帕巴新觉主塔为白金顶，宏伟庄严，四壁塑有如来像和度母像，又跣足绕塔一圈，顶礼三次。临行时捐十元给管理人燃灯，管理人立刻回赠珍贵佛舍利一包，并云寺庙建筑颇宏伟，均系信徒所捐献也。接着又请我布施猴群两元，随后大呼一声，众猴子群集争食，蔚为奇观。后又在一石佛旁见有一殿，导游说下有深洞可达印度各处，如是修道者可入内，若是歹人进入会被毒蛇猛兽吞噬。

距加德满都十三英里的尼泊尔大白塔建于西藏纪年第六世纪，名博德纳特（Phodanata），是尼泊尔乃至亚洲最大的佛塔，高三十八米，周长一百米，十分庄严宏大。塔内供有释迦牟尼佛像千尊，安放着摩诃迦叶佛的遗骨，是一座藏传佛教的寺庙。塔身绘有四只尼泊尔"慧眼"，象征佛陀带着智慧和怜悯俯视天下众生、警示世人。白塔的住持十分慈悲，见我自中国远道而来，亲自陪同参观，临别赠送我珍贵的舍利子一包，结缘众生。

继往加布篷布寺参观，其庙宇为藏传佛教噶玛噶举派所建。当年噶玛巴派康僧来尼泊尔弘法，尼王特赐予数十亩地做寺址。寺内四方游僧众多，当时管理人为一尼泊尔妇女，我恭赠了印币六元做供灯之用。

由达摩嘛君导游观音佛塔，地名盖尔多，塔名真纳巴哈，内供十一面观音像，十分庄严。但未见有僧侣，礼拜者也有不少印度教徒。

下午三时半赴巴拉举池塘参观，此是印度教徒沐浴处，内有三个水池。其中一个沐浴池中，卧一尊大自在天神石像，长丈余。询之何以卧于水中，导游表示身在龙宫一切如意之故。另两池为养鱼池，池中鱼儿殊大，池壁有二十一条石隙吐水，印度教徒多在此沐浴，据云可消罪也。

离加城较远地区有一高山，森林茂密，名那喀宗，传说系无著菩萨及世钦菩萨写经处。闻山中有一塔，年久失修已荒废不堪，因时间仓促我们未曾前游。

## 10. 尼泊尔商人菊碑信

在拉萨时，曾结识了一家尼泊尔商号，经理名曲神夏，他得知我将赴尼泊尔，早就通知加德满都亲友予以招待。

午茶时分，三位尼泊尔人前来探访，在他们陪同下重又步游市区。菊碑信及达摩嘛二君滔滔不绝地介绍尼国风光与风俗，引起我很大兴趣。菊碑信君是尼国一位富商，分号遍设印、藏各地。当年中印公路被日军切断，大批云南商人来西藏贸易，菊君即与云南商人颇多生意交往，给大家印象亦佳。菊君有兄弟五个、叔父两位，均分管着西藏各地分号。其长叔住在拉萨，曾是我的尼泊尔文老师，他是学者而从商也。

步游后，菊君乃请我去其私邸小坐。其私邸在阿桑当奴及区，绕过陶器市场，即转入一狭小街道，左邻右舍皆为尼泊尔人住宅，街巷之末即其私邸。楼为四层建筑，大门宽而低，形如正方形，人需低头弯腰方能入内。进入内室，门窗雕刻精美，色泽红绿。辗转登楼，楼梯小而陡，弯身九十度方免碰头。每一房间均小而低，四壁及地面涂有黄泥，平地铺以草荐，人在室内只得盘膝而坐。据云印度教徒住宅不准许外人进入，菊君系佛教徒，故招待客人入内。

最后登上第三层楼，系狭长会客室，长达一丈余、宽约五尺，主人进入后立即脱鞋，赤足而坐。地上铺以印度花式漆布，依墙两旁有低榻，上铺藏式毛毯。四周墙上挂有国画，竟有我民国廿年五月第一次国民大会之照片一帧。尼泊尔人喜欢珍藏中国文物，如瓷器、绸缎、国画之类，因他们得之不易也。

继而菊君搬来低矮小圆桌一个，摆在面前，我正纳闷因何所用，乃悉主人招待客人晚餐所用。晚餐每人共三盘：第一盘为四色甜点，第二盘为炒鸡蛋，第三盘为羊肉。最后是甜茶，茶中有浓浓的檀香味。饭后主人招待尼国特产酒，其酒色红味醇，据主人介绍此酒乃自酿，原料系以米、麦、葡萄蒸酿而成。我虽不饮酒，盛情难却亦尽一盅，译员谭君竟连饮数杯。据云尼国因米粮出产不丰，禁止人民酿酒，一经查出则罚三百六十盾。但对进口威士忌、白兰地等洋酒，则准许出售，实际尼人因经济不丰，饮洋酒者亦甚少。

当我们进餐时，合府男女聚观一旁，因中国人来尼国者甚少，且尼人家中有中国客人来访者更罕见。故我此次到访该宅，实让阖家甚感喜悦。

临行，我又兑换些尼国辅币以备应用。尼国辅币单位甚多，现行币制有元、半元、二十五分、二十分、八分、五分、二分、一分，共八个单位。纸币则仅有五元、十元、一百元三种。国家法令规定除纸币外，其他铜、银等币一律不准出口，因尼国银币系纯银制造，铜币之铜质含量亦较高，故政府唯恐商人牟利偷运出口也。

晚上，达摩嘛君送我归时已八时半，即匆匆辞别，因九时后街上戒严。尼泊尔近七年来，渐多有革命运动，去冬有民众数千人聚集抗议，要求内阁总理还政于民。第一次运动在一九四〇年十月，当时仅有自由分子数十人，后三十五人被捕、四人被杀，达摩嘛君即系首领之一。另外四位首领是东格巴、比比贵拉、第阿尔来民、拜里米巴哈朵，其中第四位首领至今仍逃亡在印度。达摩嘛度过了五年牢狱生活，前不久才重获自由。在尼国本不容许革命分子存在，俟因现任总理较明达，准许民智开发至相当程度后再行成立宪政机构。自前年革命分子集会后，总理已应允本年五月改组政体。

## 11. 农产税收

尼泊尔国土为一狭长之地，东西长约八百八十五公里，南北宽约一百四十五公里至二百四十八公里，全境面积十四万七千余平方公里，其中十分之五为山岳地带。全国分三大省、六十余县、五十余区。加德满都、巴拉布、拉里布为三大省。加德满都附近即是巴登区与汤布区。

靠近喜马拉雅山麓约有十余条交通线，四日行程即可至西藏聂拉木及济隆，均靠骡马或步行。尼国马匹多由印度或西藏输入，军用马匹大都为印度马或阿富汗马。尼国有茂密的森林，是亚热带天然野生动物盛产地，有犀牛、虎、豹、象等野兽。森林中尚存有一种名为古松朵之猎户，终年在森林中筑巢而居，以狩猎为生，政府设有专门法律保护猎户。

尼国农产分春秋两季，以阳历一月至四月底为麦季、五月至八月为稻季。米、麦为主要粮食产品，米价每门约二十盾。碾米仍用旧法，用石碓冲击出壳，因用粗石磨子，故米粉亦较粗黑。菜蔬很丰富，有玉米、洋芋、菠菜、红白黄各色萝卜、莴笋、茄子、苦瓜、西红柿、黄瓜、南瓜、丝瓜、花生、黄豆、绿豆、青豆、豌豆、四季豆等。水果有橘子、香蕉、甘蔗、石榴、桃、杏、木瓜、椰子、柠檬等。家禽、山禽等均与中国相同。

关于尼国税收，设有税收局，视物品之价格而定税额，年可收到约七八百万盾。进口货中以纸烟税为最高，百分之百税，布匹税百分之十。田亩粮税则视地方贫富不同而定税，邻近印度境者较高，邻北部山地较低。土地分公地与私地，又分政府直属或寺庙所属者，大概每一门（尼国的一种计量单位）种子之土地抽税一仙，约五十分之一。私地可以自由转售，若非自己耕种，则地主与佃户平均分摊税收，每产一门各得二十五分。

## 12. 婚嫁习俗

尼泊尔男女大都较早熟，结婚年龄在十四或十五岁左右。多由媒人说合，评定生辰八字后，由男方下聘，视家庭贫富而付金银聘礼若干，择吉完婚。迎娶时，于天未亮以尼国特有的三角肩舆一乘，将新娘抬至男家大门外。遂由印度教喇嘛诵经祈祷，并用红、黄色酒洗新娘之足。继由新郎母亲交新娘大门钥匙一把，引新娘步入室内。是时亲友毕集，相与道贺，引新人入内室共进饮食。每一食物先由新郎取之，新娘食之，复由印度教喇嘛将新人之头相碰，诵经共眠，礼遂成。

廓尔喀人不同于尼人，迎娶时男子骑马前往，载女子同归。抵宅后，堂中燃一火盆，投以各种香料，亲朋围于室内，新郎新娘围火盆而转三匝，遂四手相握，喇嘛则扶于相握之手诵经而礼成。

凡逢丧事，按廓尔喀人习俗，若人病至将危，即用白布缠裹、诵经超荐、掷入河中顺流而去。若人死于室内，则视为最大不吉。尼泊尔人死后，由婆罗门主持仪式，用白布缠裹尸体，于二十四小时内火化，骨灰投入河中。尼泊尔人讲究送终守孝，父母去世须穿三个月至一年的孝服，一年内不能娱乐、饮酒和进庙。

尼国男人服装，多头戴白色、黑色或花色小帽，质料甚轻。上装为左衽式长及股下，小袖大领无纽扣，肩、腰各有一带可系缚之。下装着裤，裤管极窄，而裤腰宽约八尺，用带束紧于腰间。跣足着鞋，发式多近代化。

尼国妇女之服饰也很别致，头梳发髻，发润色黑，光泽可鉴。耳垂大坠，踝戴大镯，鼻亦穿环。上穿小袄，外披布裟，下着花布大裙，松之约可二丈。

廓尔喀贵族服饰种类甚多，多为军服，颇似英式军服。

尼国平民多与国内同一宗教者结姻，除各大贵族外，较少与印人通婚。据考尼国人祖先原为蒙古人与印度北方人之混血儿，故甚剽悍，尤以廓尔喀人人最典型。迄今尼人仍分山顶人及平原人两种，山顶人以蒙古族人为多，平原人多为印度人种。廓尔喀人原为尼国一小部落，十八世纪时廓尔喀人中亦分八种：达麻内、夏巴内、夹库内、麻拉芒拉、古龙、麻喀日外、拖播、赖家内。

真正廓尔喀人原系印度刹帝利种族，只信仰婆罗门教。后演变有娶尼国女子蒙古人为妻，其妻因非婆罗门，虽不可纳，但生子后允许哺乳幼子，断乳后即不承认是其母。歧视母是秽族，彼此不同饮食、不同言语，视为外道。在尼泊尔，婆罗门教徒向来是宁死不步入佛教寺庙，但此次我的招待员是婆罗门教，却为我导游各佛寺，或许是上级安排不能违抗，抑或是时代发展，这些宗教规矩也发生变化了吧。

### 13. 警察与军人

尼国警察分交通警与救火警，每条交通大道上均有警岗。凡民事纠纷由警察处理，若不能解决则移送总理衙门。

当时全国约有士兵四万五千人，其中步兵约三万五千人、骑兵两百人、炮兵五千余人。步兵操典及编制，多仿英国兵制。从尉官阶级起，所有官佐均系廓尔喀人，高级官佐从少校起多系贵族，将官多为王公大臣的家属亲戚所任。总理为全国兵马大元帅，上将衔。下设陆军部长、京畿卫戍司令及四方面军司令。士兵们于军务空暇需从事生产工作，如织布、修路等。

我曾参观一兵工纺织厂，位于色捏可大林一号（Sainik Talin No.1），内分纺纱、织布、洗染三部门。厂长名 Capt D. B. Singh，系缅甸作战退役归来的大尉。总经理名浩格苏巴江巴哈朵（Hakim Subba Jnau Bahadur），工程师名索任丹丹大拉得（Supdt Taradur）。该厂有工人三百余，每月产布约一千七百码及少数毛织品。其织造的地毯及毛毯，为尼泊尔人所喜爱，但尚不及西藏地毯精美。

尼国约有纺织厂四间，三间系军工厂，一间系政府的民工厂，其产量不够本国所需。此外乡村多有小家庭纺织机，出产土布。原来尼国所用纺织机是旧式的，后已改用印度甘地所发明的纺机。尼国亦产棉花，但数量很少，纺织厂所用棉花均从印度进口。

## 14．尼泊尔人的阶级制度

迄今尼泊尔人仍有严格阶级制度，全国人口约七千余万，分四种阶级：

1．刹帝利（Chhetri，王种），

2．婆罗门（Brahman，多为商人及修道者，亦做官），

3．拜喜尔（Baisya，种田农民或当兵等平民），

4．雪德拉（Sudra，贱民阶级）。

无论是廓尔喀人或尼泊尔土著，均分此四种阶级。如先父为兵，则其子女可袭承其父兵额。

据云尼国最先为部落分境而治，俟由第一代廓尔喀王不力德那那养于一七一七年后统一尼泊尔。至江哈巴朵（Jang Bahadur）三十年，王权没落，大权由总理掌握。迄后遂由其弟尧桑仙摄之，尧桑仙未掌权即死，再由其弟郎郎（Rand Udip Sing）一八八五年摄之，一九〇〇年由其族人逼之失权，遂由江达桑仙（Chandar Shamsher）（一九〇一至一九二八）继之。后传于拜姆桑仙（Bhim Shamsher）（一九二九至一九三二），举达桑仙（Juddha Shamsher）（一九三二至一九四五）年老辞职，遂由拜姆桑仙之子巴达马桑仙（Padma Shamsher）（一九四五至一九四八）继任总理。现将继任总理之摩汉桑仙（Mohan Shamsher）（一九四八年开始继任）有二子，一位名贝加尔桑仙，为当时外交部长，另一位名沙可德桑仙，为军团长。摩汉桑仙有一弟，名格西桑仙，为尼国驻英大使。

尼国王族多与印度土邦土王通婚，正出之子可继王位，庶出者则不能继承。多年前曾有一尼王，娶了藏女为妻，生子甚多，均不能继承王位。当时尼王为第八世王，名 Tribhu Bans Bir Bikram Jung Bahadur Sah，一九一一年即位，除尸位外并无王权。

尼泊尔廓尔喀王世系：

1. Prithir Nanayan（一七一七至一七七一），
2. Singh Protab，
3. Ram Bahadur Sah，
4. Sordan Jadh Bikiani（一八一一年死于天花），
5. Rajandia Bikiani Sah（一八一三至一八四七年退位），
6. Soredra Bikrani（一八二九至一八八一），
7. Prithir Bir Biksam（一八八一至一九一一），
8. Tribhu Bans Bir Bikram Jung Bahadur Sah。

尼泊尔廓尔喀总理世系：

1. Jung Bahadur（一八四六至一八七六），
2. Rand Udip Sing（一八七七至一八八五），
3. Bir Shamsher（一八八五至一九〇〇），
4. Deva Shamsher（一九〇一），
5. Chandar Shamsher（一九〇一至一九二八），
6. Bhim Shamsher（一九二九至一九三二），
7. Juddha Shamsher（一九三二至一九四五），
8. Padma Shamsher（一九四五至一九四八），
9. Mohan Shamsher（一九四八年继任）（摩汉桑仙总理）。

## 15. 尼泊尔总理接见

三月廿七日，招待员接到总理府打来电话，嘱接我及译员前往谒见总理。车抵总理府新噶达瓦，总理秘书 P. S. Laks Hman Piasad Rimal，总理弟弟 Lifut Gen Shan Kher Shamsher 及总理女婿 May Gen Sharda Shamsher 已在宫门外等候，相互介绍后迎我入内。

总理府为白色大理石建筑宫殿，极显富丽堂皇。一楼厅内以虎豹皮类铺地，两边古玩琳琅满目，有许多佛教及印度教圣像。上楼进入第一正厅，中间排列两把交椅，四壁是明亮的玻璃镜。再进入第二正厅即会客室，见摩汉桑仙总理坐在正中，见我到来礼貌地趋前握手，表示欢迎。总理看上去年约六十，仁丹胡子，精神矍铄，一身陆军上将制服，帽花上镶嵌多颗金刚石，光耀夺目。其弟中将香喀桑仙随侍在侧，向我作自我介绍，他是加德满都卫戍司令，另一位少校夏打桑仙是总理之贤婿。

总理关心地询问我：在尼泊尔的一切饮食起居是否适宜？又说：闻听台端久未至尼，不知途中是否顺利？此次见君已到加德满都，十分高兴等。我即由译员向总理转达了我对尼国批准访游并给予周到招待，以及总理在百忙中接见关心的挚诚谢意。又叙述经四日参观，对尼国印象深刻，见民情风俗极显优良、尼国文化教育亦得到重视发展，并闻总理即将晋升，在此恭贺，云云。

谈及去岁中尼纠纷，总理表示颇愿恢复尼中外交关系，说过去尼中关系十分密切，尼国每五年进贡一次，颇愿履行旧约。尼国深知西藏为中国领土，在西藏济隆地区藏民与尼民小有摩擦，但不如外间所传之甚，并无军事行动，等等。最后总理与我等合影留念，乃告别而归。

次晨，辞别加德满都，由尼泊尔官员直送至尼国边境拉苏，乃搭乘印度火车，过恒河返回孟加拉省首都加尔各答。感谢尼国摩汉桑仙总理热忱的关心和款待，致使我圆满此次旅行，对尼泊尔这个悠远历史文化之友邻，有了新的认识。在回程的路上，我深深地祈祷，祝福尼泊尔人民永远幸福安宁，祝福尼泊尔王国更加进步昌盛！

## 后续

在加尔各答休息了数日，办理回印度手续，烦何锦山领事找了孟加拉省长，才获得由印度返回中国之签证。随后买了中航机票，于五月中旬飞至南京，参加中央政府组织的边疆教育会议。

在会议上，我代表国立拉萨小学，报告了建校情形：迄今学校已发展至三百余名学生，有来自藏族、汉族、尼泊尔族、拉达克族四族子弟，设有藏、汉、维吾尔、英四种语言教学。学校有国藏班六班、藏国班六班、幼儿园一班，分设三地上课。鉴于西藏特情，另设立有贵族班，因教育部为团结西藏各阶层关系，嘱多多吸纳贵族子弟入学。学校特设立推荐小组，所有工作人员皆会说流利汉、藏两种语言，受到藏民们欢迎。学校组有电影放映队，每周放电影一次，电影拷贝除由教育部提供外，学校自己亦拍摄当地人文风景来补充教材。学校还组织音乐队、运动会，活跃学生文体活动，现申请入校学生每年均在增加。

我的报告受到了大会及新闻界的支持与关注。

一九四八年十月，我经印度返回拉萨小学。

初稿完成于一九四八年拉萨<br/>终稿修改于二〇一三年洛杉矶

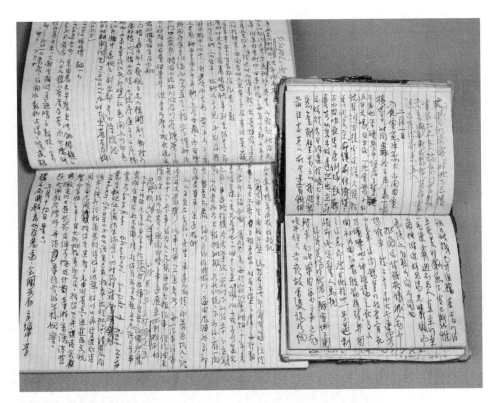

1948年，尼泊尔旅行的日记

曲水大木船渡雅鲁藏布江

曲水大木船渡江后，即靠近岗巴拉山

竹摩边卡为中印商道必经之路

亚东关主管邦达养壁

中印边境亚东村。1948年邢肃芝摄

印度大吉岭中华学校（1948年）

美国人所办大吉岭 St. John 综合学校外貌

大吉岭 St. John 学校内盥洗室

中国驻印度加尔各答领事馆总领事蔡维屏先生及其妻女（1948年）

尼泊尔游记，一九四八年

印度加尔各答印度教建筑

印度加尔各答建国小学校长与教员们

尼国政府招待所距拉苏站不远

火车站的人

尼泊尔游记,一九四八年

作者与尼泊尔移民局局长（右）合影

尼泊尔狭轨火车

狭轨火车拉苏站起点

尼国政府派来迎接之汽车

昂巴巴大尉（中）、邢肃芝（右）、本郁（左）在招待所前

尼泊尔游记，一九四八年

邢肃芝一行正行进在喜马拉雅山顶

喜马拉雅山上英国人建的驿馆。1948年邢肃芝摄

骡队刚翻过喜马拉雅山

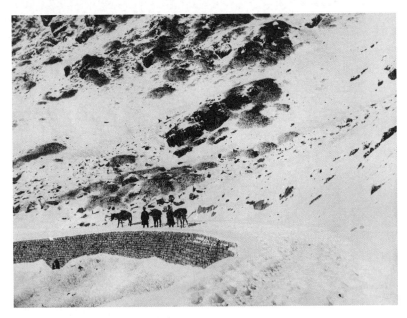

邢肃芝（左）与随从行走在下山之路

加德满都招待所

加德满都尼泊尔大学

尼泊尔大学之灯塔

尼泊尔大学的课堂

与尼泊尔大学教授合影,尼泊尔教育部部长(左四),邢肃芝(左六)

参观尼泊尔大学,与学生们合影,邢肃芝(左六)

尼泊尔博物馆

尼泊尔平民住宅

帕巴新觉佛塔

加德满都市内麻哈菩提塔

真纳巴哈观音佛塔

加德满都市内佛像

尼泊尔博德纳特大白塔建于西藏纪年第六世纪

大白塔之堪布

帕坦区街上玩耍小孩

帕坦区人背人

巴德岗古庙宇

尼泊尔首相摩汉桑仙的
签名照,1948 年

左起：加德满都卫戍司令、尼泊尔总理、邢肃芝、总理秘书长

# 旧西藏的差徭制度[1]

[一九四八年写于拉萨]

谈起差徭，似乎每一个西藏老百姓都深痛在心，然又无法豁免。除非离乡背井流亡他方，才有幸免的希望。即使去当喇嘛吧，也仅是个人免差，至于祖传下来的土地房舍，那是无法移动的，按西藏的法律，凡是有土地、有民居的地方，人人都得当差。

一个初到拉萨的人，常常见到大贵族们残酷地役用无代价的劳力，一定十分震惊，这就是西藏的农奴制度。在拉萨，每个大贵族至少拥有四五千克[2]的土地，较少的也有二三千克。如"桑柱颇章""朵仁""惹噶厦"等大贵族，都有万克以上的土地，并拥有二三千名农奴。这些人就等于大贵族的私有财产一样，除了为他们的主人当差而外，还须应付政府繁重的差徭，而他们竟会那样驯服地过着奴隶的生活，这确实是令人悲伤的。西藏人当差似乎是一种义务，虽大贵族大世家亦不例外，不过即使地位高、权力大，可以相应不理或者设法缓役，但这不是长久的，有朝一日垮了台，仍需世世代代还清的。其实贵族们当差也不过是一个幌子而已，他们有的是奴隶和牲畜，尽可以派遣他们去应差，有时也许因为面子问题，而促成他们的走私漏税行为。

---

[1] 本文资料系作者在西藏期间（一九三八——一九四八）收集，并经查珠活佛加以订正。此文曾登载于中华民国卅七年二月廿七日版《中国日报》。
[2] 西藏农田以"克"为计量单位。

西藏的差役种类虽然烦琐，但是归纳起来有所谓"脚走的差"和"手拿的差"两种。前者"脚走的差"包含人与牲畜，如用夫役做劳力运送及征集牛马做交通工具等；亦有民间出产较好的骡马及牛羊等牲畜，被政府或地主们看上了，可以无代价地强收，也属于第一类。第二类"手拿的差"包括征收粮食、农产品及农副产品，如米、麦、青稞、豌豆、柴草、氆氇、羊毛及药材等。征收的名目大致有下列六项：

一、雄租。这项是缴纳中央政府的一部分，亦称为雪颇。何以呢？因为这一项粮税，大多是由雪里宗征收的。

二、宗租。系缴纳给地方政府的，如宗①及低于宗的喜滴②。

三、马租。系缴纳作为军粮的税，由全藏各地平均负担，并运送军队驻地。

四、瀑租。系政府征收各大世家的租税，以百分之十的比率抽取，充裕商上③金库。这一项是十三世达赖于一九一二年由印度返藏后才开始起征的。

五、曲租。系抄没寺庙后所遗地产及粮食而由政府提取的公粮。

六、甘租。系政府为弘扬佛教、印刷大藏经等开支所收的税，乃每年以百分之一的比率从民间征收一定的粮食，作为纸墨及印刷费之用。

以上六项，系西藏政府每年常收的主税，而且仅限于农产区的。假使如藏北区那样的一片草原，仅产盐巴及硼砂；或者如工布、山南或康滇边境物产丰富之区，则西藏政府就改征本地的特产。这些特产包括盐巴、硼砂、木板、木材、大米、酥油、牛羊肉、猪肉、新鲜或加了工的桃杏等果品、颜料、石碱、石膏、磨刀石、羊毛、竹竿、牛毛、牛尾、牛皮、氆氇、毛呢、地毯、虎豹皮、熊皮、狐皮、猞猁皮、水獭皮、熊胆、鹿茸、

---

① 宗，旧时西藏的基层行政区称谓，相当于县。宗的长官称宗本，即县长。
② 喜滴，旧时西藏宗以下的行政区称谓。
③ 商上，旧时西藏政府管理库藏出纳事务及财政收支的机构。主管官称商卓特巴。

麝香、虫草、贝母、黄金、藏红花、木碗、铜铁制品、土陶器、冶器、鸡鸭、飞禽、鸡蛋等。并在一些地方专设有税卡征收，如帕里宗设有盐、茶及羊毛税卡。政府即以西藏之盐来换不丹国之大米及纺织品，或换尼泊尔之工艺品。有些则由各地差民每年缴送一定之实物，虽跋涉千里亦须送达拉萨主管机关验收。亦有逢年过节始行缴纳者，如牛羊肉、猪肉、干果子、酥油、米、麦等物，每年冬至腊月间，由各地差民交商上验收。因为这些食品都系年尾岁初所需，以征收实物为主，不得折缴现金。至于可以折合现金缴纳的，有下列六项：

一、诵经费。噶厦政府为每年祈祷国泰民安，而于三大寺、上下密院及布达拉宫召集上万喇嘛诵经，由主管机关征收酥油、糌粑等银两。

二、摩朗费。即"大愿节"或称"传大召"，由拉却列孔①负责向民间征收现银以代实物，作为诵经的开支。这一项税收每年约有藏银五十万两之多。

三、甲苏费。系清朝钦差大臣驻藏时，西藏地方人民送给钦差大臣的养廉金。后来虽然没有钦差驻藏了，而由四大噶伦分享之，每年照样征收。

四、粉刷费。系每年冬季粉刷布达拉宫及拉萨各机关的费用。

五、堤防费。是为修缮拉萨河的堤岸之用，以免洪水泛滥为灾。

六、疏浚费。是为防止拉萨河床流沙淤积之费用。

以上六项都有各个的主管机关，可以用现金折缴，故称为"手拿的差"。

"支差"的确压得西藏老百姓喘不过气来。又西藏所产的粮食并不能自给，每年要靠不丹及拉达克等地输入，然而输入米、麦也是要以物交换的，西藏农产品已被搜集一空了，哪有余物去换粮呢？所以差民的

---

① 拉却列孔，旧时西藏政府主管差政的机构。

最后命运是流亡四方,这些苦命的人儿是谁呢?

西藏支差的人,大概分为两类:

一、雄错。是一般领种公地的老百姓们,既非世家也非寺庙的佃户,直接受西藏政府的管辖。除应缴纳政府一定的租税而外,并须在居住地支应乌拉、夫役、柴草等差务。无论其居住在交通孔道,抑或荒山僻野,均无法逃避差务,而要应付之差徭,远远超过他们所能承担的数倍。如仅拥有牛马数头、田地数克之佃户,因其不断的无休止的运送和支应,导致多数佃户牲畜倒毙、倾家荡产,有的最后只得一逃了之。所说的苦命的人儿即系指这一类。

二、格错。就是那些有土地有奴隶的贵族,在其所辖的范围内,仍应支牛马、夫役及出征壮丁等差务,不过都是比较大额的。如乌拉在一百匹以上者、出征壮丁十名或廿名以上者,才派这些所谓格错的贵族支差。

西藏古代亦曾颁布四种免差条例,但并未加惠于居民,仅为少数特殊阶级受惠而已。兹分述于下:

一、军人免差。这是含有优待现役军人的意义,某一户如有壮丁一人服务于军队,则该户可以免去上粮纳税及乌拉等差务。

二、贵族户祖产免差。就是某一贵族户,有一人服务于政府机关并且无薪俸,而其房子地产又是祖上遗留下来的,并未因本人之因有增加的,则一切租税、乌拉等差务尽行豁免。假若后来因本人地位关系或战功关系而增加其财产,纵因权势煊赫一时而拒绝差务,政府主管部门待其失势后,仍须追缴欠税。

三、荒地免差。此系领种公地之百姓因差徭过重引致牲畜倒毙、人口死亡,或因逃亡所遗留土地无人耕种,则予免差。日后若有移民迁住,该地居民仍应支差。

四、调查免差。西藏纪年第十四世纪时(一八三〇年,即道光十年，岁次庚寅），藏政府曾一度派官员亲往各地视察，访求民隐。偶见某地差徭过重，视差人员乃将此情呈报达赖，特准蠲免。此种情形一百年实难有一次。

目前噶厦政府因妄图独立、积极扩军，差役日益繁重。而贵族们的生活日益奢侈，各机关开支日益庞大，这些都足以更深加重百姓的负担。本来乐观刚强的西藏人民，无奈终年被沉重的差务压迫着、奴役着，变得越来越穷苦、越来越衰弱了。

繁重的差徭，给藏民带来的苦难，实非一日所能言尽。

至于西藏主管差政的机关，有所谓"差康""差滴列孔""拉却"等，不过都不是主管差务的一元化的机关，此在别章再行详述之。

# 《菩提道次第略论》译者序

佛教已逐渐世界化，尤其在亚洲几乎普及到每一个角落，如中国、朝鲜、韩国、日本、泰国、缅甸、锡兰（今斯里兰卡）、越南、马来西亚、尼泊尔等国，佛教徒占了总人口的三分之二。然而欲求保持佛教的完整性，无论在学术上、在实修上、在制度上、在发展上处处表现有其独特的风格者，那还是首推西藏。

西藏佛教导源于七世纪，那是中国的盛唐时代，汉族文明发展到了最高峰，这时距离鸠摩罗什法师译经已有二百余年。西藏因藏王松赞干布与文成公主通婚，而把佛教种子带入了藏地。若以时代来说，西藏佛教应与日本佛教属同一传播时间（五九三——六二八），但在特质上，两地则大异其趣。日本佛教是由西域传入唐朝，再经唐朝传入日本，多以汉文佛经为主，多少世纪以来脱不了印度早期佛学的窠臼。西藏佛教就不同了，它是直接师承于印度佛教，在经论方面、修行方面、制度方面，皆保留了佛教的完整性。十一世纪以后，印度的佛教除几处古迹外，几已不存，但佛法并未遗失，而是在西藏得到了完整的保存并发展。

假定印度晚期佛教是以世亲菩萨而后为起点，直至印度佛教灭亡，其间约八百年，而那烂陀寺及超岸寺的学风，经过几个世纪的陶炼，已与早期大异其趣。当玄奘法师留学印度时，未闻龙树、提婆等空宗、有宗大师有关于密宗的特别著作。待佛教开始输入西藏，密教学说已发展到与中观、唯识不可分离的阶段，那烂陀寺的上座们公开研讨密教，并将其列为主要课程［见达惹那塔（Taranatha）佛教史］。

在今天西藏丹珠尔大藏经中，存有不少的密教经典，是龙树、提婆菩萨等所著。而且，印度晚期佛教圣人月称的中观论，圣狮子贤、解脱军的现观论，法称大师的释量论，金洲大师的唯识论，德光大师的戒律论，都是晚期才出现的杰作，这些论著均在印度佛教衰亡之先而传入了西藏。加以西藏代有圣人，如宁玛派的创始人莲花生大师，噶当派的创始人阿底峡尊者，萨迦派的创始人贡却杰布，噶举派的创始人玛尔巴及米拉日巴，觉囊派的创始人弥觉多杰及达惹那塔等，无不解行并胜，学贯梵藏，阐幽探微，发前人之所未发，且能加以融会贯通，形成藏传佛教各具特色的传承与法门。在以上历代圣人中，格鲁派教主宗喀巴祖师尤为晚出之杰出人物。

宗喀巴祖师一派之学说，其所以在西藏发生庞大影响及作用之原因，分析起来约有四点：一、理论精辟，知见正确；二、极重实践；三、组织严密；四、凡圣阶段依据显密次序井然，是那烂陀寺而后，最能通达三藏者。因为学佛的最高目的是能获得成就。如果知见不正，何以能修？又何以能证？关于知见是否正确这个问题，古往今来的祖师们，无不重视对于了空之程度。西藏早期修密法的人，多偏重在气脉明点等有漏神通之外相，偏重定学，漠视慧学，不依道次而修大悲心、菩提心。自宗喀巴大师起才清净正见，矫正了旧派流弊。

所谓清净正见，就是了解缘起道理。一切诸法，缘生幻有，缘会则生，缘散则灭，有不拨无，无不执有。如诸法本无实性，何能执为有，又诸法名言假有，岂可拨为无。生死法固是寄于妄执假有为实有，故万劫沉沦，就是涅槃法也是依于断障而安立，岂可也落相执。学佛的人未能透彻了解此理，每每以为世间万法都没有，只有涅槃是实，这仍然未出断常二边之边见。断就是损灭执——无见，譬如镜中人影，虽无实体，但由明镜、空间、光线、人体等因缘会合,自然便有人影显现,且能发生应有的作用。应承认其假有幻有,而不能全无,全无则影响了善恶业果,生死轮回大道理。常就是增益执——有见,譬如人法二我自性本空,但因众生无始妄执习气之熏染,于是遂起我法二执。由我执故,障碍涅槃,由法执故,障大菩提,若能离此断常二边,则明白了解世俗谛是怎么一回事,胜义谛又是怎么一回事,世俗与胜义两者的关系是同是异。

既了缘起,即是了空。故龙树菩萨云:"因缘所生法,我说即是空。"其空之定义,不仅可解释为缘起故空,空故缘起,且可释为自体本净。如果再于空上而起空执——有一性空之实体,或起无执——性空为毕竟无,则又离开中道远甚。故中论云:"若于空起执,斯人无可救。"总之,言语道断,心行路绝之境界,若以凡夫之心度之,则无不处处碰壁。故生死根本,首在我执,我执又因于我见,若能破我见,断我执,乃能常住于明空无执境界。

至于修中道正见的方法,本论也有详细说明。先以四理或七相,观察众生无始时来所执的我,通达我空。再以四理或破四生等理,观察众生无始时来所执的实法,通达法空。四理就是:一、认识所破的我;二、决定我与五蕴的或一或异,二者必居其一;三、认识我与五蕴是一的不合理;四、认识我与五蕴是异的不合理。七相就是:"一"我与五蕴是一,"异"我与五蕴是异,"能依"我依五蕴,"所依"五蕴依我,"具有"我有五蕴,"支聚"五蕴合聚为我,"形状"五蕴组合的形式为我。

四生就是自生、他生、共生、无因生。以四理来破所执实法,先认识所执实法与构成它的支分,再以我及五蕴为例,照上述以四理破我的道理来破。既通达无始妄执的我及实法空,再详细推察缘起道理,得知诸法虽无性而有缘起因果,如果还觉得缘起因果与自性空各是一回事,就是还没有真正通达中道深义。若是由见诸法因果缘起,就能破除内心执着,了达诸法空无自性,才是得了中道正见。这样的正见,不只是由空来破常执，而且见缘起有的力量来破常边，不只是由见有，来除断执，而且由见空（无实性空）的力量来破断边，这就是中道正见的特殊作用。

然仅有甚深见，仍不足以成大菩提，须有广大行为之辅导，广行六度四摄，始得谓之圆满福慧资粮，佛号两足尊，义即指此。若无空见之布施，纵然尽有情，仍不得谓之布施圆满，以仍未能空去布施之体用，故亦不得谓之波罗蜜。凡夫二乘均能行布施，持戒律，之所以不能称之为波罗蜜者，其分际是在未得甚深般若。大乘经论讲六度互容互摄，布施中有般若，般若中有布施，乃至禅定亦尔。此是大乘佛教所特有之真精神，是真佛教。

然如何能做到六度互容互摄，其命脉又在禅定、智慧二度之能否双运，故宗喀巴祖师在本论中有别明止观二卷，议论精要，次序井然，是乃本论之精华。在汉文大藏经中，亦有不少关于止观论著，如天台智者大师大小止观，旁征博引，详则详矣，然总嫌其语未中的，尤其凡夫定境，异生定境，圣者定境，实际含混，令人难以捉摸。祖师语录如《六祖坛经》，精则精矣，又非普通根性当下立断，岂如本论之刻画入微，痛快而淋漓也哉！

宗喀巴祖师之学说，在中国边疆风行六百余年，迄今未衰。藏汉学者虽以宗派关系、研学方便容有不同，但以宗喀巴大师学说之严谨与深刻，超越各派，独系于此。以与汉传佛学相比，则其得失短长，自可立判。日本佛教极类印度初期大乘佛教流行之情形，盖印度初期龙树、无著菩萨所释经论，大多衔接小乘毗昙，辨析法门不厌繁博。历后著述则较简约，如《四百论》（提婆菩萨造）之于中观，摄论学派及《显扬圣教论》（无著菩萨造）之于瑜伽。至寂天菩萨《入菩萨行论》出，则删繁存净，资于修行，极切实际。此种简当之风，因阿底峡尊者而传至西藏。宗喀巴祖师远承龙树、无著菩萨，中承佛护、月称菩萨，近承阿底峡尊者，于清辩论师之辩难纵横，唯识之组织微密悉无所取，盖即承受此种学风而来。

以视后代注疏演译，注疏越多，真理越远之舍本逐末者，故远甚矣。又印度自瑜伽菩萨地而后，有组织井然之菩萨学，然犹条理较繁，至寂天菩萨以六度为纲，纶贯经论，以成《集菩萨学论》，益见简要。阿底峡尊者更取其精要著《菩提道灯论》，即本其意，取舍诸家，当于修行。故《菩提道灯论》释增上戒学取瑜伽菩萨地，以龙树菩萨之书于此不备；释增上心学则取中观家言，以瑜伽于此说之过繁，无觉贤资粮品之精要。又如唯识诸籍说，增上心学又失之大略，又不如中观方法之圆备，故唯中观之说为独适矣。如是以实践为鹄的而组织异言，形成一时之学风，而悉传之西藏，益发挥之。自宗师而后，以瑜伽学为广行，中观学为深观，合龙树、无著二大家浑然为一大乘学，实际显现，不托空言，以谈修学，似无间然矣。

宗喀巴祖师生于公元一三五七年，籍贯青海，十六岁入藏，遍参名师，习学经教，廿二岁后闭关自修，获大成就。卅一岁著《现观庄严本注详解金鬘疏》，从此讲经说法，广行教化，直至六十三岁圆寂。一生之中说法数百次，著书数百种，建立佛寺数百所，著名的西藏三大寺即其创建。大师四十六岁时著《菩提道次第广论》，自以卷帙浩繁，有失精要，乃于五十九岁时更著《菩提道次第略论》，是本论为大师最后定量之著，可无疑义。

译者自幼醉心佛教，少受庭训，尤慕玄奘法显之高行，乃弱冠赴藏，访求大德，亲承教授。旅藏凡十余年，有入宝山之感。一九五八年春，应香江佛教同人之请，开讲本论。随讲随译，随译随刊，将近脱稿，适译者又有美洲之行，直至航近檀香山，始全书译完。故本论前四卷译于香港，后二卷译于日美途中。

至于译者本人佛教思想，在知见上，余奉宗师教理为主，在实修上，则各派均无所偏颇。故当入藏之初，先从噶举巴学大手印，继从宁玛巴学喜金刚二次第,又从萨迦派学密法大集,最后所受黄教灌顶尤多,不可胜述。

总之,知见正则行无不正,特志于此,以与学佛者共勉!

以此译经功德,回向全世界人民,获致永久和平!

一九五九年七月四日<br>写于美国加州大学图书馆

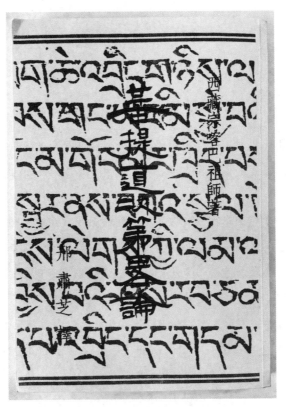

《菩提道次第略论》1959年初版发行于香港

# 极乐佛国再相聚

## ——追忆欧阳无畏学长

我与欧阳无畏君真是往世因缘,六十五年前,为求佛道在雪域拉萨结识,又应世事变幻而各奔东西,数十年相聚又别离,彼此志同道合,情深友于。

我们第一次相遇是在一九三九年的西藏。我入藏求法初到拉萨,人生地不熟,在拉萨的汉人极为稀少,欣遇欧阳君同在哲蚌寺学经,我俩成了最亲近的学友。他是一九三四年参加黎丹所率领的"西藏巡礼团"入藏的,团员中有著名的藏文学家、地理学家、航空学家、气象学家等,而他则留于哲蚌寺出家为僧,入住果芒扎仓学习,法名君庇亟美喇嘛。

当时欲入三大寺学经是很严格的,尤其哲蚌寺是格鲁派中地位最高的寺院,首先需聘一位当地有声望的僧人当担保人,又称世间师。欧阳君热情地为我举荐他的担保人阿旺江城喇嘛(又称兰州僧),担当我的世间师。阿旺江城喇嘛本是汉人,出生在兰州,自幼父母双亡,流落街头,遇十三世达赖喇嘛收留,剃度出家当了他的侍者。因他为人亲善厚道,在拉萨声望很好。欧阳君引我拜见他的时候,按当时规矩,我准备了哈达一条、酸奶子一罐为见面礼,就正式拜阿旺江城喇嘛为世间师了。有了他的担保,我便顺利进入哲蚌寺,并选择搬入与欧阳君同一康村——安东康村,开始学习五部大论。

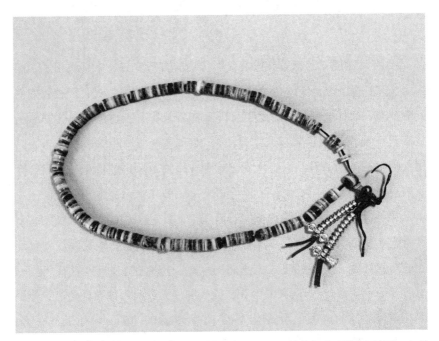

邢肃芝一生最珍爱的念珠,伴随身边 70 余年,是其恩师哲蚌寺衮曲丹增格西所赠。上师以这串人头骨做的念珠修持大威德金刚法一辈子,最后预知生死,在禅定中往生。圆寂前将这串念珠赠予弟子,邢老用它继续修持大威德金刚法几十年

衮曲丹增格西

极乐佛国再相聚

按西藏寺规，喇嘛入寺后衣食住行均需自行安置，于是我租了一间宿舍，又添置厨房炊具等生活用品。欧阳君很会做饭，暇时便教我如何煮酥油茶，如何抓糌粑粉，使我很快适应了寺院生活。按照康村的规矩，欧阳君还帮我张罗了一场放"群哉"，即布施全康村喇嘛一顿茶饭，共用去藏银一千两。在当时三大寺，这种在康村范围内放的群哉，只能算是最小范围的布施了。

果芒扎仓下属有十六个康村，而在果芒扎仓学经的汉僧，仅有欧阳君与我。我俩同窗学经三年，朝夕相处结下深厚情谊，他比我先入哲蚌寺，高我几级，是我的学长。我们同拜在蒙古喇嘛衮曲丹增格西座下，学习"现观庄严论"。欧阳君学识出众、辩才无碍，尤精经论研究，善于中观论理，他的诗词也为周围学友们奉为欣赏的佳品。且他谦虚好学、处世低调，深得寺院僧众喜欢。我俩常在一起讨论，从汉藏佛教至汉晋文学，从唐诗宋词至司马迁的《史记》、班固的《汉书》，从拉萨三大寺历史探究至藏地的边关趣闻，无所不谈，讨论热烈时通宵达旦，也是常有的事。

三大寺喇嘛们的生活一般是：清晨五点至七点上大经堂诵经及早茶，早茶藏语叫"孟甲"，每隔几天就有施主在早茶时放布施，七点后回僧舍自习。十点在扎仓佛殿内举行午茶，藏语叫"申甲"。普通喇嘛在午茶时自带些糌粑，一边念经一边吃糌粑，富有喇嘛常不在殿上进食，等法会散了回到僧舍自己用餐。下午一般安排法会，若没有法会，学经的喇嘛大多去辩经场辩经，称"曲拉"。不学经的喇嘛则从事各种工作，如绘画、雕刻、裁缝、木匠、石匠等。寺庙是一个自给自足的群体，各种人才齐全，还有些喇嘛专门为寺院外出经商。太阳下山时康村内还有一次晚茶。晚茶后，喇嘛们大多是在月光下或夜色中辩经，尤其初进寺的喇嘛多用功背诵经文。一年中也有些特殊的吉祥日，会在夜晚举行法会，但多数日子里寺庙的夜晚是寂静少灯火的。

君庇亟美喇嘛（字欧阳无畏）于哲蚌寺，邢肃芝摄

在我进入哲蚌寺的第三年，欧阳君束装东归，暂离拉萨，取道西康返回重庆，进入国立中央大学及政治学校教授西藏文，此是我们第一次分别。我曾书信为他介绍西康沿途的地方朋友，提供他旅途方便。

一九四五年，我在哲蚌寺学经已结业，并考取拉然巴格西学位后整装返回重庆。与欧阳君分别三年后，我们在陪都重庆第二次相会，那时他的双亲也居住在重庆，其父是位德高望重、信佛重礼之慈父。我经常去他家，在一起谈论佛学，谈论时事。欧阳君还有一位寄父，名白觐圭，是位海军耆宿，中将军衔，学富五车，儒佛兼通。有一次他邀请我们一起到南温泉游览，事有凑巧，那天蒋委员长也去南温泉，我们的车只得远远地跟在其后，不敢超前而行。

一九四五年八月，长达十四年的抗日战争终于胜利，举国上下欢欣鼓舞。政府忙于战后恢复工作，我被任命为西藏国立拉萨小学校长及蒙藏委员会专门委员，于十月匆匆由重庆飞印度，在中印边界翻越喜马拉雅山而抵达拉萨赴任。而欧阳君亦于同年赴藏，他的路线是由重庆飞兰州转青海，循青藏国道抵藏。我俩各选不同路线相约拉萨，比谁能先到。结果，我比欧阳君早到拉萨两个月，我们肩负各自的使命重返西藏，又在拉萨碰面。这是第三次相聚，离一九三九年在哲蚌寺第一次见面，已隔了七年有余。此后我便一直忙于拉萨小学的工作，欧阳君穿上喇嘛装，又回到哲蚌寺果芒扎仓，深入研习戒律、重读德光菩萨《毗奈耶经》等。

一九四八年，我赴南京参加边疆教育会议，顺便回到阔别已久的家乡探亲。其时欧阳君恰随国立政治大学迁回南京，想不到我们在古都南京又相逢了。这是第四次聚首。从雪域高原至江南，此一刻南京、镇江、上海均留下过我们欢愉的足迹。短暂的相聚后不久，我回到了拉萨小学继续工作，欧阳君也于翌年再次回哲蚌寺修学。

一九四九年七月，拉萨发生了震惊世界的"驱汉事件"，所有国民政府派遣的驻藏人员被下令全部撤出西藏。我们与噶厦政府协商撤离事项，起初他们态度蛮横，后经谈判态度稍缓，即答应协助撤离：对取道西康东路离藏者，提供乌拉直达巴塘；对取道印度离藏者，派藏兵护送至中印边境。欧阳君是喇嘛身份，故可继续留哲蚌寺无须撤离。离藏前数日，欧阳君特来送行，宿于我家，依依惜别，咏诗一首以寄情怀：

夜宿贺尔康萨沟① 赠归友
一九四九年七月十二日

逻迤明月倍难堪，独照无眠永自惭。
岁日艰穷今夕始，儿孙孽债一身担。
旌摇星泪凉宵路，衲履云封绝岭庵。
未习忘机禅乘法，焉能终寂若瞿昙。

诗中自勉我俩，面对艰难困苦岁月，面对炎凉崎岖前路，世出世间法虽然难以拿捏，但作为一个佛教徒，自始至终甘为众生担重任，勿忘修禅证悟，终得拨云见日。

一九四九年七月二十日，我作为最后一批离藏人员撤出了西藏，经印度停留数月后，于一九五〇年一月一日抵达香港。应香港学佛志士之请，讲授《菩提道次第略论》，并边讲边译，于一九五九年在港、台出版了此著。

一九五二年接到欧阳君从印度来信，云已离西藏抵达印度，但因川资缺短，无法东归。我乃书函驻印友人，拨罗家伦离印度时留下的用作接济西藏、新疆撤离人员之经费，助欧阳君东归的川资。不久欧阳君安

---

① 贺尔康萨沟，是我住家的地名。

抵香港，在我家停留数日后赴台，继续回到台湾政治大学讲学，从事其毕生所爱的藏学研究。这次香港短聚，是我们第五次相会。但这一别后，竟相隔了三十年。

一九五九年应美国华盛顿大学邀请，我作为特邀学者赴华盛顿大学讲学，并就此移居美国。一九八二年接获台湾佛教友人来函，告知欧阳君将来美国西雅图访问。于是我从华盛顿飞往西雅图与他相见，这是我们第六次相逢，在美国西雅图。三十年时空变迁，恍如隔世，彼此再相见，皆已花甲之年，鬓须如霜，但不变的仍是情谊。听闻他在台湾政治大学教授藏传佛教、藏学文化，桃李誉满天下，退休后还自设绛帐，为大众开设藏学讲座。从藏文拼音、文法解释到五部大论学程，及《现观庄严论》《金鬘疏》《入中论善显密意疏》等系列专讲，终年法音宣流不辍。培育了诸多佛学、藏学人才，被尊称为"台湾藏学之父"。我真为他感动，深深赞叹他的无量功德！

我与欧阳君在西雅图的会晤，想不到是此生最后的相见。一九九一年，惊闻欧阳君西辞归去，我失去了一位挚爱的学长道友，佛教界失去了一位显密融通、修学相应的哲者，不胜唏嘘，不胜怀念！追忆与欧阳君半个世纪的往事因缘，相信在极乐佛国，我们一定会再相聚，那是永久的相聚！

二〇〇三年五月<br>敬笔于洛杉矶禅室

# 怀念柳升祺先生及
# 国民政府驻藏办事处同事

六十余年前,我与柳升祺先生是同事,我们同在国民政府驻藏办事处服务,他是英文秘书,我是专门委员兼教育部直属拉萨小学校长。

一九四五年六月,由蒙藏委员会聘我为专门委员,在国民政府驻藏办事处服务。在我离渝赴藏前,有一位中央研究院院士凌纯声博士找到了我,想要我当西藏拉萨小学校长。我知道拉萨小学校长不好当,因为西藏地方政府有诸多限制,师资是最大的问题,乃婉言谢绝,俟经他的一再坚请,乃勉强答应。于是他由教育部行文蒙藏委员会,借我为拉萨小学校长。因此我经印度到达拉萨,向陈锡璋代处长报到时,有两个职务:一是专门委员,二是拉萨小学校长。

国民政府驻藏办事处职员并不多,处长是沈宗濂,他是美国斯坦福大学硕士毕业,回国后,当过大学教授,当过外交部总务司长。印度独立后,曾与考试院院长戴季陶访问过印度,后来他又访问过尼泊尔王国,对于中印关系相当熟悉。一九四四年,柳升祺先生受他邀请,任英文秘书,同行入藏。

陈锡璋先生原是外交部总会计,任驻藏办事处主任秘书兼第一科科长,我到拉萨时,他已经升为代处长。李国霖为藏文秘书,李有义为第二科科长,刘毓琪、廖鲁芎为文秘,刘桂楠、李茂郁为专员,左仁杰驻昌都，余敬德为土木工程师，葛诚之为医生，还有藏语译员张旺，庶务释密慧。另外还有勤务八人，均为藏地出生的汉人。

国民政府驻藏办事处房子并不宽敞，李有义、李国霖、释密慧及我均系单身，住在驻藏办事处内，各占一间卧室。柳升祺先生与葛诚之夫妇住在医务所内，医务所是租赁达赖父亲的房子。陈锡璋夫妇携女儿乃文及刘毓琪、廖鲁芎租住大扎昌内。余敬德夫妇、刘桂楠、李茂郁则租住拉萨市内。

我到拉萨后不久，刘桂楠、李茂郁、廖鲁芎三人均调回重庆蒙藏委员会本会了。

国民政府驻藏办事处所在地，名叫基度巴，为一土石建筑，共三层。第一层即最下层为马厩。西藏地方无车乘，贵族、平民出外均乘骡马，每年秋季均有不少青海来的贩卖骡马商人，来拉萨出售骡马。西藏贵族每家每户喜好圈养一两匹上等良马，甚者可值藏银万两之多，达赖马厩中就有多匹好马，其父亲在青海原系做此生意的人。

第二层为拉萨小学校舍。第三层为驻藏办事处公署。主任秘书及二文秘占一间，图书馆占半间，会客室占一间。李有义、李国霖、释密慧和我各占一间，中央研究院测候所占一间，厨房及勤务占一大间，如此而已。如果举行宴会，一二十人还可以，多了则无法容纳。

基度巴在八廓街上，大昭寺之南。每年正月传召时，一切法会活动均看得清楚。右边是桑柱颇章即七世达赖尧西府第，左边是陆军司令惹噶厦，北面就是大昭寺。大昭寺南门及甘丹赤巴讲经台，都在南面。基度巴原系西藏贵族龙厦产业。一九三三年十二月十三世达赖圆寂后，群举热振活佛为摄政王，龙厦纠合同党多人，拟仿照日本政体改革西藏政治，事为热振活佛所悉，乃逮捕龙厦下狱，挖其双目，产业充公，妻女改嫁。

十三世达赖圆寂后，国民政府乃派黄慕松为特使，及随员刘朴忱、蒋致余等行政院参议，于一九三四年八月十八日抵拉萨，致祭十三世达赖，又加封热振摄政王，同时在三大寺发放布施，极得西藏僧俗好感。溯自一九一二年清帝退位，历经北洋军阀混战直至北伐成功，汉藏关系中断了多年，因黄慕松之入藏，重新将汉藏关系建立起来，打开了一个新的局面。

黄慕松当时是国民政府参谋本部次长兼边务组主任，是清朝而后赴藏官员中官阶最高者。黄慕松留藏三个月，建立了交通部拉萨电台，建立了行政院驻藏办事处公署。在其随员中留下了四十余人，除刘朴忱、蒋致余、张威白外，还有宪兵李耀南及高师原等人。黄慕松驻藏办事处公署经过刘朴忱、蒋致余、张威白历任，至一九四〇年吴忠信专使主持十四世达赖喇嘛坐床大典时止，正式改为蒙藏委员会驻藏办事处。孔庆宗于一九四〇年四月宣誓就职第一任驻藏办事处处长。孔先生是法国留学生，原藏事处长，又曾为蒙藏训练班教授，桃李满门。因当时国民政府所颁印信未能实时到达，乃由我雕刻木质印一方暂用。

一九四二年七月六日，西藏地方政府突然成立了"外交局"，通知孔处长今后交涉须赴"外交局"，不再赴噶厦交涉。孔庆宗坚决反对，理由是西藏地方政府是中国下属的省份，如果驻藏办事处承认了"外交局"，则纵容了西藏地方政府的分裂阴谋。孔庆宗看透了噶厦上层亲英分子的用心，乃将此事上报行政院，获得批准。西藏地方政府虽百般狡辩，仍不为中央所谅解，也只得让步。最后，孔庆宗认为藏事难办，乃托病辞职返回内地。

孔庆宗任职期间，曾将太太及儿子接来拉萨居住。孔太太是位中国旧式妇女，小脚，体胖，行动不甚方便。儿子名孔繁绪，尚未接受大学教育。我在尧西朗顿家做客时，朗顿夫人告诉我，孔太太曾到她拉萨官邸中辞行，因此我知道孔庆宗已于一九四三年十月十八日内返了。

孔庆宗后继任驻藏办事处处长一职，不再由蒙藏委员会派遣，改由蒋委员长亲自选派，继任人以与蒋先生较亲近，而又擅长英文与外交者为首选，于是沈宗濂即继任了驻藏办事处处长。沈先生率随员于一九四四年八月六日抵达了拉萨。

我于一九四五年十月由重庆赴拉萨，路经印度加尔各答遇到了沈宗濂先生，原来沈先生率领了一批西藏贵族，包括拉萨电报局局长，前往南京参加国民大会，又说服了十四世达赖的父亲，将他的儿子嘉乐顿珠带到南京去接受汉文教育。后来沈先生又做介绍人，将徐青贵将军的女儿徐小姐嫁与嘉乐顿珠为妻，这些足可展现沈先生办事之长才。沈先生在未到印度加尔各答之前，曾托中国驻加尔各答总领事馆为他找一临时住处。当时总领事是陈质平，即由我与陈领事一同寻找，结果找到了总领馆对面，原中央信托局遗址作为沈先生临时住处。

当沈宗濂访问尼泊尔王国回来后，我乃请求沈先生将他由拉萨骑到印度的骡马，借我赴拉萨乘用，沈先生答应了。我乃派我的随从罗布先去噶伦堡将骡马安排妥当。我遂乘火车赶至大吉岭，睡了一下午，于一九四五年十二月十五日夜间，乘出租车抵噶伦堡，骑上骡子直奔龙朵拉山。十六日天刚亮，过了龙朵拉山检查哨，继续前进。下午抵达一村庄，乃熬茶、食糌粑果腹，村庄主人劝我留宿一宵明日再走，说夜间风雪，行走危险，而我不想留在哲孟雄境内过夜，便坚持骑上骡子，继续上路。行至山顶，大雪纷飞，天昏地暗，方向不辨，乃在山顶点燃火堆取暖。大雪久久不止，寒冷彻骨，手持木棍探测下山之路，不意骑骡脱缰而去，因为骡鞍上有重要文件及钱币，急循骡子脚印而追寻。途中或坠雪坑，或陷冰窟，虽周身尽湿，仍将骡鞍上跌下之物，一一捡起驮在背上。循着骡蹄印，直走到天蒙蒙亮，抵达一村庄，看见脱缰的骑骡已在村中，不尽欣喜。待村庄主人开了门，原来就是昨日劝我留宿一宵的庄主人，真觉惭愧。于是庄主人为我生火烤皮袍，又为我烧茶果腹，直至日上三竿，我们主仆二人又骑骡上山，重新出发。行过昨夜取暖的地方，犹见余烬未熄，不胜感慨。当日天气晴朗，于是策骡奔驰，直抵西藏边境休息。

在骡站中遇到不少由印度返回西藏的商贩，这些人由印度贩回纸烟，或三驮或五驮，凡经过竹摩（亚东）关卡时多须缴税才能通过。我说我也有纸烟，想和你们一齐通过，商贩们齐声说好。次日过竹摩关卡时，关员问我缴未缴税，我说缴了，便通过了关卡。于是挥鞭催快了骑骡，直奔帕里。此十六英里是西藏海拔最高的地方，约一万四千三百英尺，气候寒冷，不适宜农业，因系中印道上商务要冲，羊毛税收入不少，帕里邻近的不丹王国之农产品输入西藏，亦多经由此地。

帕里有电报局，我乃打了一通电报告诉中国驻加尔各答总领事陈质平，我已到达西藏境内了。帕里又是西藏境内通邮政地点之一，凡中国寄印度邮件均寄到帕里邮站，再加贴西藏邮票转拉萨，故拉萨汉商均派有人员驻帕里，以便转寄货物及邮件。我在帕里见到了康刚民，他在县长家做客，我乃告诉他我要请他为拉萨小学服务，迅速前往拉萨，他欣然答应。我在帕里还买了一支德国毛瑟枪，作为防身之用，以便昼夜行路，赶往拉萨。根据我在西藏高原旅行的经验，白天风大，如遇强风，可将人马卷入半空，然后摔下。夜间风小利于行路，但有匪徒出没，而我有毛瑟枪在怀，即可壮胆，如遇可疑之人，尽量不与接触，灾难可免。

从帕里到拉萨还有十二站，如果按照西藏地方政府的马牌行走，则须按站换马，如果自有骡马则不需按站。我是自备骡马，可加速亦可慢走。当我行抵拉萨时，已是一九四六年正月初一，正值藏人新年。我在云南商行茂恒号住了一宵，次日往国民政府驻藏办事处报到。

我到拉萨接任小学校长后，大事整顿，严格选择教员。接任之日，除国民政府驻藏官员外，北平商人及川、云、贵商人约百余人均到学校参加庆典。教务主任一职由胡继藻担任，胡君是清华大学社会系及电机工程系毕业生。康刚民是训育主任及推广主任，康君是色拉寺格西，与西藏贵族关系甚深，又是孟买大学讲师，印度语、西藏语均佳。在接任校长之日，中国教育部亦电告西藏地方政府噶厦，嘱对拉萨小学加以协助。我并请李有义教授做学校兼任教员。从此学校名声日隆，第一学期有学生一百六十余人；第二学期有学生二百余人； 第三、第四学期有学生三百余人。加以川、康、滇商人返回内地大力赞扬，故声名远播。继又有西藏贵族子弟要求入学，特开办了贵族班一班。英国商务处所办小学从此关门，因此拉萨小学引起英、印当局及尼泊尔王国注意。

当柳升祺先生帮我申请经哲孟雄赴印度转往尼泊尔王国访问签证时，英国驻拉萨商务主任黎吉生特别要求与我见面，并设宴款待。因他耳闻一名年轻汉人担任了拉萨小学校长，却不知能力如何。见面后，他除了给我赴印签证、从江孜到岗拖（Gangtok）的住宿驿馆证件（Bungalow Pass），而且介绍我与哲孟雄省长古德（Goode）见面。

柳升祺先生当时是英文秘书，他与黎吉生、哈勒（奥地利在藏流亡人士）及尼泊尔驻藏代表 K. C. Kaisher Bahadur 等人，在拉萨组织了网球队，每周打一次网球活跃生活，联络感情。柳先生对于汉藏文化交流很尽力，对拉萨小学亦很热心，每有集会均由他摄影存念。柳先生与沈宗濂先生合著《西藏与西藏人》（*Tibet and The Tibetans*）一书，由美国斯坦福大学出版，影响甚广，是第一部由中国人以英文向世界介绍二十世纪四十年代西藏社会状况的著作。

后来驻藏官员李茂郁、刘桂楠、廖鲁芗三人内调，继之葛诚之医生及葛太太辞职返回。一九四七年李有义教授辞职返内，最后柳升祺先生亦辞职赴印度，同时陈太太及女儿乃文亦去了印度。

一九四八年，经教育部及蒙藏委员会批准，我先是访游了尼泊尔，接着到南京参加国民政府组织的边疆教育会议。到南京后，正遇全国选举正副总统，蒋委员长的意思是要孙科当副总统，结果李宗仁被选为副总统。同时国内通货膨胀，物价一日数涨，民不聊生。王云五当了行政院长，改革币制，起用金圆券，一美元等于五元金圆券，结果从中国寄一封信到印度，须贴满了金圆券邮票方可寄出，可见币制改革失败。中央银行准备向美国借五亿美元未果，又因东北战局失利，人心惶惶，蒋总统宣告辞职，李宗仁行使代总统职权，中央政府迁到广州。眼见国民党政府大势已去，美国又不借款，蒋介石决定放弃大陆，将所有财产、行政人员、军队迁往台湾。我在南京所遇高级官员均说国势如此，将来我辈不知死于何处。

我于一九四八年十月取道印度、锡金返回拉萨，特将国内情形呈报了陈代处长。

一九四九年七月八日西藏"驱汉事件"发生时，国民政府驻藏办事处仅有陈锡璋代处长、李国霖藏文秘书、刘毓琪专员、余敬德工程师、通事张旺、庶务释密慧及我数人而已。

当日下午我在霍尔康家中休息。霍尔康是租住的房名，房主人就是西藏贵族之一的霍尔康公子，他已随拉鲁噶伦到昌都当税官去了。当时，我见到陈代处长，他面色凝重地告诉我，他去了噶厦，让巴噶伦代表四噶伦面告他，要求国民政府驻藏官员，包括驻藏办事处、学校、电台及所有军统、国防二厅工作人员，均在两周内撤离西藏，措辞与态度十分强硬。陈代处长回答说须呈报中央，噶伦说他们已将交通部拉萨电台查封了，西藏地方政府驻京代表已将此事呈报中央政府了。面对严峻形势，我对陈代处长说，事已至此，看来已无挽回余地，还是做好撤退工作吧。

李国霖及刘毓琪知道此消息后，心脏病突发，不能工作。李国霖是四川巴塘人，深知康藏历次战争之激烈，恐遭杀身之祸，避门不出。刘毓琎是因年迈而又体胖。藏语译员张旺是本地藏人,并不愿返回内地,仍愿留藏生活,故以沉默为佳。我是办事处职员,精力尚强,自当协助陈代处长办理一切撤退事宜。

西藏地方政府除查封了交通部拉萨电台外,派了四名藏兵监视陈代处长,其他所有驻藏人员及地下工作人员住家,均派有藏兵驻守,唯有我一家尚无藏兵驻守。西藏地方当局对此次事变策划已久,因非常保密故不为情报人员所知。在五六个月前已放出烟幕,说是摄政王收到炸弹,故向日喀则调兵前来拉萨,直到一九四九年七月八日筹备妥当,乃宣布驱逐汉人,汉官及特务均被蒙在鼓中。西藏当局一向是当内地政治安定则向内,如内地政治动荡则背信,从清朝到民国例不胜举。

我们向西藏地方政府宣布和平撤退的态度,当他们听说我们要撤退了,气氛和缓了许多,所有驻藏人员恢复了自由活动。在这时还有一小插曲,就是以江新西少将为首的四川巴塘人,要以武力与西藏地方政府对抗,另外还要劫持陈代处长,原因是国防部二厅的驻藏人员待遇偏低,与驻藏办事处人员及军统驻藏人员相比差多了。江新西有时请求接济,我有时也拿少量学校公款接济他,因此他能接受我的劝导,我乃劝他不能用武力对抗,西藏地方政府已安排了一千五百名藏兵在拉萨,不可打无把握的仗,他接受了。我又说,陈代处长用钱一向按规则办事,你既是中央官员,就不能对长官强加索取,免致驻藏人员窝内反,他也接受了。我乃在办事处将驻藏人员召在一起,安排各人各家所需骡马数目,交赖兴巴转告西藏噶厦发给马牌,并安排将全体人员撤离拉萨日期告知噶厦。

西藏地方政府知道我们即将撤退,特别安排了宴会为我们饯行,陈代处长问我应不应去,我说人家既以礼相待,我们应该赴宴。噶厦还送来了程仪:陈代处长二千印币,送我是一千印币,李国霖及电台台长亦各一千印币。除此，索康噶伦并派他的弟弟索康济众到我家中，送来米一包及糌粑一包，作为路粮。

兹将撤退人员列后：

一、赴四川巴塘共十九人：

江新西少将、江镇西及太太与孩子、男仆珠珠、刘步升、赵松南、江生辉、康永吉及太太扎桑与孩子、仆人群达，学校教职员五人及家属：春载阳、闵志诚及太太、男仆阿多、白士祯、白士奇、马成文，共十九人，由噶厦发给乌拉。

二、由拉萨赴印度分三批，共一百一十五人：

第一批三十九人，七月十四日离拉萨。第二批三十八人，七月十七日离拉萨。第三批三十八人，七月二十日离拉萨。第三批人员包括陈锡璋代处长、刘毓琪、李国霖、席台长、台长太太、邢肃芝、释密慧、赵季灏及太太、陈代处长厨师及勤务五人、学校勤务二人、电台勤务三人等。此三批人员中有勤务二十三人到印度后，是要返回拉萨的，故实际赴印度者为九十二人。

当我们撤到竹摩后停留了一日，原因是要与哲孟雄驻竹摩商务代表借道，因由竹摩赴岗拖再转噶伦堡，这样道路平坦可乘汽车。但锡金商务代表傲慢地一口拒绝，他说岗拖设备简单，不能容纳多人，我们便只好走噶伦堡之老路了。李国霖及刘毓琪两位是病人，我照料两位慢慢行至白洞，柳升祺先生开来了一部吉普车，把我们接到了噶伦堡，从白洞到噶伦堡尚有十二英里，这如雪中送炭，使我们三人高兴不已。

陈代处长离竹摩后已先一日到达噶伦堡，随后我们均去了加尔各答。他住在旅馆中，我则借住茂恒公司之客房，中国驻印度大使罗家伦也来到加城慰问我们，同时新疆方面不少国民政府人员也撤退到印度。罗家伦大使飞往广州向阎锡山内阁申请到一笔外汇，救济所有来印人员，随后将所有人员搭招商轮有送往广州，亦有送往台湾者。

邢肃芝与柳升祺 2001 年于北京

一九五〇年一月一日,英国及印度同时宣布承认中华人民共和国。因香港佛教人士相邀,我乃于一月一日飞往香港旅居。陈代处长夫妇于二月五日飞香港,同年八月十六日回到了北京。

回忆当年大家曾相聚边陲,为国尽职,而今故人西辞,人天相隔,甚为怀念!

二〇〇八年十二月于洛杉矶

1946年，国立拉萨小学开学，全体教职员工19人（前排左五为邢肃芝）

怀念柳升祺先生及国民政府驻藏办事处同事

1946年，拉萨小学全体师生合影

1946年,邢肃芝在校长就职典礼上讲话,除驻藏办事处官员外,北平商人及川云贵商人均来参加庆典

与高班级学生合影(前排左三陈锡璋代处长、左四邢肃芝校长)

怀念柳升祺先生及国民政府驻藏办事处同事

1946年，邢肃芝与拉萨小学高班级学生合影

上音乐课

1947年，拉萨小学高班级的学生合影

为学生发放礼物

庆祝六一儿童节

六一儿童节给学生发放的礼物

学生们在表演"叠罗汉"

学生们在表演节目        拉萨小学的篮球队

上体育课

师生一起打排球

跑步接力赛

拉萨小学组织的篮球、乒乓球、羽毛球队

下编

追忆

# 碧落苍天一色　松风明月同怀
## ——忆念邢肃芝先生

张志雯

二〇一四年三月六日，邢老在美国加州安详圆寂。走过一个世纪，历经大时代的变幻风云，他了却尘缘，趣入无上法界，实践了一生最后的修行。圆寂前数天，邢老以他数十年的修证功德，秉持正念，持诵心法，而融入无为妙有的禅定。他静静地入寂，面容那样慈悲，那样从容。当日，祥瑞的五彩霞光从惠提尔山脉巍映苍穹，连接着天和地，如大日之光辉惠泽三界，绚丽辉煌，经久不逝。在他的葬礼之日及葬礼后数日，大地频频震动，据当地新闻报道，在邢老的住宅区域发生了四点一级地震。他的书房震动得很厉害，书架倾悬，遗物星散，当我在整理散落的书籍时，书房又频现了两次震动。天地感念，岭峦怆然，似乎皆在为一位哲者的逝去而缅怀告别！

邢肃芝先生，僧名释碧松、藏名洛桑珍珠。一九一六年十一月十九日出生于中国江苏，二〇一四年三月六日圆寂于美国加州，享年九十八岁。

邢老自幼年起，即接受了佛教文化的熏陶，他的父母虔信佛教，叔父是扬州平山堂法净寺的方丈，长兄是镇江超岸寺的方丈。在此环境影响下，他自幼醉心佛教，少受庭训，喜欢寺庙清静的生活。九岁时正式皈依佛门，随叔父自坛老和尚，在扬州平山堂法净寺（大明寺）剃度出家，老和尚给他起了个僧名释碧松。碧松十四岁进入镇江超岸玉山佛学院，接受正规的佛学教育，学习了"成唯识论""百法明门论""八识规矩诵""摄大乘论""大乘阿毗达磨集论""因明入正论""辨中边论""俱舍论""四阿含经""显扬圣教论""解深密经"以及天台宗的四教仪、大小止观等诸多经典教义，打下了扎实的佛学功底。少年沙弥既勤奋好学，且自强自立，一心以玄奘法显为典范，热切追求真谛智慧。十六岁时，他即担任由超一法师主持的镇江超岸寺大白伞盖护国熄灾法会书记，由此初闻藏传佛教，结下访求密法之因缘。

二十世纪二三十年代，随着西藏诸多高僧到内地弘法，兴起了一股学习藏传佛教的热潮。一九三四年春，年轻的碧松法师在南京受到宁玛派祖师诺那活佛亲授廿一尊救度母大法。第二年，在法尊法师引领下，碧松进入太虚大师创办的汉藏教理院，成为当时藏文专科班最年轻的学员。遵循太虚大师亲定的"陶铸僧才、振兴佛法、促进汉藏文化交流"的教学宗旨，他刻苦地学习"藏文佛学""汉文佛学""西藏文化史""西藏地理""藏文文法""教授翻译"等课程。学院又请西藏著名的诺那活佛、贡噶活佛、阿旺堪布、悦西格西、根桑活佛等高僧，为学员们轮流教授藏典及密法，使得他们显密兼学、汉藏融通，有入宝山之喜。经数年陶铸，碧松法师更坚定了研究汉藏佛法、增进世界文化的人生目标，他决心西行赴藏，访求密法。

在汉藏教理院期间，碧松有机会亲近太虚大师，为他讲经做书记，其中《佛理要略》《汉藏教理融会谈》《辨中边论颂释》等篇，是太虚大师的重要论著。太虚大师博通三藏，行解相应，以救人救世为责志，致力弘扬"人生佛教""人间净土"，并倡导"汉藏佛法应互相修学，互相研究"。大师行愿之广大，悲智之深切，给予碧松言传身教的影响，使他获得终生的教益。

一九三八年，在太虚大师支持下，二十二岁的碧松法师作为第一位国民政府派遣的赴藏交流学者，不远千里，只身入藏。当时碧松患有肺结核病，医师叮嘱切不宜赴藏，说他寿不逾三十，但他将生死置之度外，毅然踏上求法之路。途中雪山荒漠，风餐露宿，盗贼危伏，还有藏兵阻拦等困难，均被一一战胜，安然化解。他励志竭精，徒行一年零两月，于一九三九年八月终于到达圣城拉萨，后顺利入住哲蚌寺果芒扎仓学经，藏名洛桑珍珠喇嘛。

在西康德格宗萨寺，慈悲的第二世宗萨钦哲蒋扬确吉罗卓活佛，特别关爱这位远道而来求法的年轻汉僧，亲自教授他密法仪轨、藏文文法，传授萨迦密法一百六十七种，传法灌顶达数月之久。同时，碧松又圆满获得德格更庆钦哲活佛传授"喜金刚生起圆满二次第"等无上殊胜密法。在拉萨哲蚌寺，碧松法师曾依止的主要上师有衮曲丹增格西、阿旺格西、赖登格西、十四世达赖喇嘛的教经师领仓活佛等大德。传法的上师有拉尊仁波切、多杰觉拔大格西、帕邦喀仁波切、康萨仁波切等各派高僧。他感恩在汉、藏两地，有缘亲近过的一百多位显密上师，也珍惜此生获得过数百种密法传授的殊胜因缘。

一九四五年的新年大愿节，碧松法师在大昭寺前通过了诸僧众的提问答辩，荣获了西藏三大寺拉然巴格西学位，从此西藏人都称呼他"洛桑珍珠格西仁波切"。同时，他走遍康藏、藏南、藏西北和中印边境的广大地方，访求大德、朝拜圣山、考察后藏、访问尼泊尔，均留下弥足珍贵的记录。一九四四年藏历猴年，他曾赴藏南朝拜杂日圣山，朝圣前后一百零五天，遭遇歹徒袭击、森林迷路、断水断粮等种种险境，最终佛泽加被，化险为夷。同年他朝拜后藏古老的萨迦寺，足迹始于拉萨东部，西至定日堆里，远至阿里区，行程千里，历时两月有余。所到之处不忘考察当地风俗民情、地理历史，为后人了解西藏留下史料。

他深爱这片雪域疆土，立志弘扬佛法，献身边关，报效国家。神奇的是他的肺结核病，在雪域高原的佛光照射下，竟然不治而愈，从此再未复发。

邢老的中青年时期，在大时代的变迁中随顺因缘，勇于担当。一九四五年当他从西藏回到内地时，得到蒋委员长接见，并受命任国立西藏拉萨小学的校长（当时西藏唯一官办学校）。在此因缘下，他怀揣太虚大师"人生佛教"的菩萨观，接受时代赋予的使命，重返西藏，振兴办学。首先，他积极联络和维系汉藏关系，获得当地各界支持。并聘请最好的教员，增强师资力量。又设立推荐小组，深入民众，宣传教育及知识的重要性。并开设了汉语、藏语、维吾尔语、英语四种不同语言的课堂及贵族班，鼓励更多的孩子入学，让学生们接受更多的科学知识。学校还组织篮球队、网球队、乒乓球队、乐队等，丰富学生文体活动。把拉萨小学办得生气勃勃，声名远播至川、康、滇等地，甚至拉达克、克什米尔地区也有学生来上课。致使当时英国侵入势力商务处所办的小学，悄无声息地关了门。

直至一九四九年七月，西藏噶厦政府在亲英势力蛊惑下，发动了震惊中外的"驱汉事件"。在武力威逼下，迫使在藏的国民政府公务人员，限期撤离西藏。邢先生临危不乱，协助驻藏办事处与噶厦政府谈判，据理力争，最后使噶厦政府答应保障所有驻藏汉人的人身安全，并派兵护送至喜马拉雅山山脚下。他们分三批撤离了西藏，邢先生与最后一批撤离的几十位同事，再一次翻越喜马拉雅山，告别了他生活十二年的西藏。

一九五〇年，应香港佛教同人之邀，邢先生赴港讲经说法，翻译并出版了宗喀巴祖师的《菩提道次第略论》。此书为学佛者正确引导菩提道修行次第，明了甚深知见与行持，并与由他翻译的诺那活佛传授的

《廿一尊救度母礼赞经》及贡噶活佛传授的《恒河大手印直讲》，同时流通于大陆、香港、台湾各地，利益了诸多众生。

一九五九年，应美国西雅图华盛顿大学邀请，邢先生作为特邀学者赴华盛顿大学讲学，并由此移居美国。后又应聘于美国联邦政府机构，服务二十余年。旅美数十年，他深怀对藏学文化的热爱和对故国的思念，在他几十年前的日记中，可以读到一个游子的乡愁、渴望为祖国人民做些事情的心愿。他在海外的生活，一直保持着传统、简朴的习惯。在华盛顿做公务员期间，他为每位洋同事都起了一个有意义的中国名字，还教授他们中国书法。

退休后，他从华盛顿迁居到南加州。一九八六年中国民族工作者代表团访美、一九八八年四川省少数民族代表团访美，他不辞年逾古稀，热情陪同走访了好几个城市，还把他们请到家里做客。闻听中国在遭受特大水灾及地震灾难后，他数次捐款寄给领事馆，献上血浓于水的爱心。一九八七年受中央民委邀请，他回到阔别已久的祖国访问。以后他三次应邀参加北京国际藏学研讨会，发表了《从历史上证明汉藏关系历久弥坚》《杂日山——莲花生大师坛场朝礼记》等演讲，受到与会学者的欢迎。

二〇〇一年，八十五岁的邢老访问阔别了半个世纪的拉萨。在拉萨，他遇见了不少当年拉萨小学的学生，这些曾经受过邢老教育的学子，大多数已成为藏区领导干部，为新西藏的发展做出了贡献，令邢老感到十分欣慰。回到美国后，他在参加南加州侨界召开的纪念西藏和平解放五十周年座谈会上，激动地表示："我虽然久居海外，但依旧十分关心和热爱西藏，那里曾有我的理想和追求。祈祷祖国昌盛、西藏繁荣、民族团结，这是我一个海外赤子的挚诚愿望！"

邢老的晚年，深居简出，谢绝尘缘。每日静坐禅室，或案前阅经，或座上修法，解行并进，证境高深。他满怀慈悲，弘扬藏传佛法，对求法弟子悉心传授，教诲不倦，开课讲经，令弟子受益匪浅。在他的座旁有一列长长的回向名单，有他亲近过的大德与善知识，也有他此生的亲人、弟子，每天修完法后回向给众生，这是邢老的菩提心愿。

九十五岁高龄时，邢老因骨折经历了一次大手术，术后第三天就下床锻炼行走，令医生都敬佩不已；术后虽然身体虚弱，视力模糊，又以顽强的毅力，坚持把藏文版类乌齐第七世《杰钟迥乃文集》伏藏品之第二函主体完成了翻译。此法本弥足珍贵，是他最后为世间留下的一篇遗作。

邢老一生，世出世法，圆融无碍，品行高洁，功德巍巍。作为一个大乘修行人，无论是出世显比丘相，还是入世做官为民，他始终奉守利国利民的悲心，不忘一个佛弟子的甚深宏愿。他以毕生努力，坚守信仰，为人为法，为僧为俗，从未懈怠。他在生前传授给我们的佛宝智慧及最后投射出的灵魂光辉，令我们深深敬仰和思念。

哲人虽逝，精神犹存。当年的佛友，黄蘅秋居士为他所题"碧落苍天一色，松风明月同怀"的诗句，映显了邢老一生志存高远、心怀智悲的胸怀与风范。他遗留人间的著作和故事，也让我们获得许多的教益与感悟。他永远活在我们心中、流淌在历史的长河中，一位雪域求法的汉僧、一位开拓西藏教育的文化使者。

愿邢老安息。

愿汉藏文化交流源远流长。

愿藏传佛教、藏学文化更加弘扬光大，璀璨无量！

二〇一四年十一月十九日

敬笔于洛杉矶

# 小引
## ——为肃芝兄大作而录

张澄基

一九三七年我到西康去求法，西康是西藏民族生活的东区。我为什么会去西藏求法呢？因为我个人比较喜欢旧教，如红教、白教，即宁玛派、噶举派。我觉得藏传佛教有许多不同于汉地佛教的殊胜法门，吸引我来到西康求法。

我第一次见到肃芝兄是在西康德格的八邦寺。那一天我正在八邦寺，突然听一个喇嘛说，寺里来了一个汉人喇嘛，我听了忙迎出去。那时候，我们那个地方一个汉人也没有，我见来了个汉人喇嘛，当然十分高兴。肃芝兄来了，当时他着比丘装，骑了一头牛，没有骑马。他的一身比丘相，可以说是菩萨显种种相。

我们见面了，无所不谈，谈得非常投机，使我很难忘。他在八邦寺住了一天，第二天离开了，说是去宗萨寺。

过了几个星期，我特别去宗萨寺看望他，又在宗萨寺住了几天。我们谈了很多，谈唯识、谈白教的大手印。他给我讲因能变、果能变的道理。

我问他，你到西藏去学密法，有什么愿望？他说有两个愿望。第一是太虚大师在他临走前嘱咐他，在一切有部的戒律上下点功夫，因为一切有部的戒律在中文里不全不清楚，听说藏传佛教对此有很完整的论典，所以他想把这方面研究一下。第二是他想到拉萨花一二十年的工夫，把五部论搞通，彻底了解。我听了，非常欣赏他的求法志愿。

后来过了很多年，听说肃芝兄正在拉萨办教育，因为政局的变化，被迫离开了西藏。我们曾在印度碰了面，继而又在香港见面，再后来在美国见了数次面。

他这一生，先是显比丘相，后来亦办过学校、当学者、做公务员，翻译了宗喀巴大师的《菩提道次第略论》，非常了不起！他经历了很多事情和变迁，一生可以说是多彩多姿。希望他能把这些时代变迁、个人经历写下来，留给世人，亦是一件非常有意义、有价值的事情。

    张澄基一九八七年四月录音于美国费城
    张志雯二〇一四年根据录音整理于洛杉矶

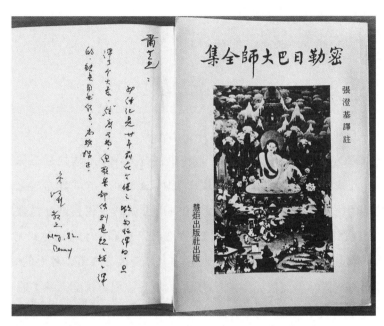

张澄基先生翻译的《密勒日巴大师全集》，及给邢肃芝的亲笔留言

# 《康藏密教访求纪行》读后感言*

王尧

邢肃芝先生的大著《康藏密教访求纪行》仔细拜读之后，深为赞叹。十分钦佩、十分高兴、十分欢喜！为什么连用三个"十分"来表达我的心情呢？第一，邢先生是受国民政府委派到西藏去创办边疆教育的，与区区同属赴藏人员，同属民族工作者。而邢先生赴藏时，无论在政治环境上、自然条件上或是交通运输上都是极为艰苦、棘手的时期。而邢先生"明知山有虎，偏向虎山行"，不畏险阻，排除万难。在书中描写的过程，实实在在确是无路历程，而居然能化险为夷，在万山丛中杀开一条生路，最后终于抵达拉萨。而且难能而可贵的，沿途还帮助几位同僚化装，冒险同抵圣城。这些都是忍人所不能忍、行人所不敢行者，这是有干大事业的大丈夫气概，才有如此的成就，当然令人十分钦佩！

第二，邢先生在入藏之前，于重庆缙云山汉藏教理院接受正规的佛学和藏文教育（法号为碧松法师）。在法尊法师等老宿的培养下，成为一代英才，立志献身于边疆事业，来维护国家的统一，增进民族的团结。

---

* 《康藏密教访求纪行》一书，由邢先生初写于一九三九年，整理完稿于一九八六年，最后并未出版。其书内容大多与《雪域求法记》相同，也可谓《雪域求法记》前身篇。——编者

这一点与区区时间虽有先后,时代纵有不同,但服务的宗旨、目标完全一致。不过,邢先生当年赴藏条件更艰苦,环境更恶劣,所费力气更大更多些。区区忝为同道,对书中提到的许多西藏人物和事件历历在目,也有缘接触过,真是一卷在手如对故人,无比亲切,所以十分高兴!

第三,有清一代筹边治藏远胜元、明,有很大发展。设驻藏大臣、统领藏事,在中央体制下推行西藏地方自治构架,颇见成效。驻藏人员中撰有《卫藏通志》《卫藏图识》《卫藏图考》《西藏记》等,足为后人咨询之资。而邢先生大作远超古人,盖邢先生语通汉藏、学贯儒佛、文字极佳、得心应手、斐然成章。其中如戴季陶氏代表国民政府率团亲往康区甘孜向九世班禅大师遗体致祭一事,邢先生作为侧记娓娓道来,令人信服,可补正史之不足,自不待言。又,刘文辉(字自乾)将军治康之规划、大金事件之处理,在邢先生笔下信手拈来均为宝贵史实,作为藏事工作者当然十分欢喜了。

总而言之,邢先生这部大作非泛泛之游记可比,乃近代边疆史地著作中极为难得之佳作。凡是到过康藏地区的人,如区区,能引起无限美好的回忆。如果尚未涉足藏区的读者,必能受到感染,唤起奇妙的遐想而生起到藏区一游或赴藏工作的兴趣。

区区,作为赴藏工作的后学,谬蒙邢先生不弃,以手稿见示,并嘱以略书心得,十分感奋,乃写出三点读后感如上。

而今,物换星移,西藏自治区建立已经三十余年,当年受过邢先生教育的学子,大多数均已成为藏区领导干部。当年的封建农奴制度、乌拉差役早已一去不复返矣。如果邢先生有兴趣旧地重游,可以搭飞机、乘公共汽车直抵拉萨。英国人的阻挠、印度人的杯葛都已是历史陈迹,邢先生何妨再作一次圣城探访呢?那真是"江山如此多娇"哩!

一九九六年十一月于美国洛杉矶客中

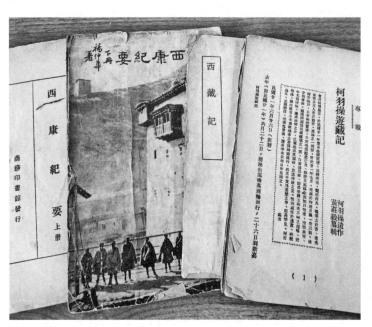

邢肃芝保存的早期赴藏人员撰写的有关西藏书籍

# 《康藏密教访求纪行》序

李有义

我与邢君肃芝曾于公元一九四五至一九四七年间在西藏拉萨共事三载。彼时我与邢君均系单身,我们寓于当时蒙藏委员会驻藏办事处楼上,日夕相处,感情甚洽。孰意我于一九四七年冬内返后,竟云天相隔,无缘再晤。去岁十二月,有中国民族工作者代表团访美,竟在洛杉矶各界欢迎代表团的宴会上邂逅相逢,握手言欢,恍如隔世,距拉萨分手时恰为四十载。既叹世事之沧桑,也惊地球之非巨,因缘际会有不可思议者。

邢君以其所著《康藏密教访求纪行》一书原稿见示,并嘱作序,我忝为邢君老友,理当欣然执笔,且书中所记多为我们共同经历者。读原稿时,往事历历在目,使我有重温旧梦之感,书中所叙不仅邢君个人行踪,实也反映当时社会状况、康藏形势及英帝国主义对西藏之侵略等,此书实可作为现代史料读也。

邢君出生于一佛教家庭。他的父母是虔诚的佛教信徒,他的叔父是扬州平山堂大明寺的方丈,其长兄是镇江超岸寺的方丈。由于他是方丈的近亲,常住在寺院里,结识了许多著名的法师,在书中提到的就有金山江天寺的方丈宽静和尚,焦山定慧寺的智光法师,南郊竹林寺的震华、守芝二法师，超岸寺的守培老和尚及蕙庭现月诸法师。在这样的佛教环境熏陶下，邢君对佛教发生兴趣是很自然的结果。

在三十年代的旧中国，佛教界有一股热潮，这就是钻研西藏的密教。为什么人们对密教特别感兴趣呢？我想主要有两个原因：一个是人们认为密教是大乘教法，又是一种可以即身成佛的修法，而西藏又是保存密教传承最完整的地方，在世界上找不到第二个在密教方面可以和西藏相比的地方。另一个原因是西藏在密教方面出现了许多高僧大德，其中也有一部分被迎到内地传法，在邢君书中提到的就有白普仁尊者、诺那活佛、贡噶活佛、根桑活佛、多杰格西、阿旺堪布、安钦荣增堪布等。安钦活佛是九世班禅的经师，是一位显密兼通的大成就者。诺那活佛则是西藏红教领袖，普受藏人尊敬，由于其威信震主，不容于十三世达赖喇嘛，方被迫来内地弘法。他们在内地的弘法引起了人们对西藏密教的兴趣，也激发了佛教信徒赴藏求法的念头。这一时期除了个别人自行设法入藏外，尚有由大勇法师领导的赴藏学法团，参加这个学法团的有从全国各地来的名僧二十余人，可谓极一时之盛。

不幸的是，此时西藏与中央关系处在一种对立的状态中。辛亥革命后，在西藏的中央驻军被逐，十三世达赖喇嘛在英帝国主义的支持下，不仅宣告"独立"，而且在此期间，西藏地方政府还不断挑起与西康省的冲突，藏军曾一度占据金沙江以东的德格、甘孜、瞻化和青海省的玉树、囊谦等地。后经地方势力反攻，才将藏军驱逐出省。在一九三二至一九三三年间，当时的西康、青海当局与西藏地方签订了和平协议，以金沙江为线，西藏地方政府对青康各地的藏民进入西藏不受限制，而对汉人进藏则检查甚严，实质上是阻挠中央加强对西藏的施政。

在这样的政治环境下，内地的学法者想进入西藏是很困难的，更不必提旅途的遥远与艰难了。当时由内地入藏捷径是经印度，穿越锡金（哲孟雄）、逾乃堆拉或则来拉两山口进入亚东，经帕里、江孜而达拉萨。

全程约需三周时间，沿途且有设备较好的台站可供歇宿。但此途受英国人的控制，英方往往借口藏方不同意而拒绝给予印度过境签证。邢君当初曾取道印度以求便捷，终因英人刁难未得成行，最后还是由康藏古道入藏，历尽了千辛万苦。

自从佛教由印度传入中国后，历代均有法师信士发心赴西天取经。但取经并非一件容易的事情，在古代的条件下，东西交通主要依靠称为"丝路"的陆上通道，不仅沙碛不毛、山川险阻，而且盗匪出没，安全堪虑。因此取经者非有勇敢坚定之献身精神者，难以有成。中国历史上著名的取经者都具备了这样的精神，他们的成就不仅在密教方面，在东方与西域文化交流、开拓知识领域方面也做出了巨大的贡献。如法显的《佛国记》、玄奘的《大唐西域记》，都成为极重要有关西域的历史资料。

邢君发心赴康藏访求密法，也是具备了一位佛教徒的坚定与勇敢精神，受到历代求法高僧的鼓舞。虽然邢君所选的时间正是抗战初期，社会既不安定，政治、经济各方面的困难也所在多有。但邢君抱百折不挠的意志，克服了意想不到的困难，终于顺利到达圣城拉萨，并得皈依名师，精进修持，灌顶参禅，考得格西学位，能如邢君之发心求法而又得成就者，也甚稀有也。

历史上西藏为一封闭地区，极难进入，其藏地实际情况，内地人知者甚少，故有"神秘之地"之称。邢君在入藏途中，所至之处均作记叙，对当地之风土人情、社会状况、寺庙古迹、历史传说，凡能搜集所得者均一一著录，使读者有身临其境之感。尤其是对当时的重要事件，如戴传贤入康致祭九世班禅，西藏地方与西康及青海的冲突，岗拖协定后的边界状况等均有生动而翔实之记载，修近代边疆史者也可引为参考资料也。

佛教发源于印度，公元初即传至中土。汉明帝永平八年（公元六十五年），遣蔡愔使西域求佛经，这是我国历史上第一位赴西域取经的人。蔡愔在西域停留约年余，于永平十年（公元六十七年）返回洛阳，带回大量佛经，还迎回迦叶摩腾、竺法兰两位法师。建白马寺以居迦叶摩腾等，是为我国建佛寺之始，佛教从此在中原发展起来。至东晋、南北朝、隋唐而盛极一时。中土赴西域取经者大多为此一时期人物。

我国西藏的佛教发展较晚，唐初藏王松赞干布统一西藏高原后，娶文成公主及尼泊尔公主为后，二后均信佛，在二后的影响下，藏王也皈依佛法，是为西藏有佛教之始。此时西藏尚无文字，藏王乃派贵族吞米桑布扎带领一批青年赴印度学习，创制文字，吞米桑布扎等参考当时在印度流行的梵文字体，创制了以三十个字母组成的藏文，并仿乌尔都文创制了草书体，这时约为七世纪中叶。

文字的创制为佛教的发展奠定了基础。由于在创制文字时，藏语已经是一种发展成熟的语言，已有充分的词汇可以表达抽象的概念。在创制文字的同时也创制了藏文文法，这样就使这种新创的文字能准确地和系统地记载具体的或抽象的事物。西藏能保留下来大量的文化遗产，它不但是宝贵的中国文化遗产的组成部分，也是宝贵的世界文化遗产的一部分，应当归功于藏文。

西藏的佛教大致可分为两个时期，即前弘期和后弘期，前弘期是指整个吐蕃时期，即由藏王松赞干布皈依佛教起至最后一任藏王朗达玛毁灭佛法止，共约二百余年。这一时期的后一百年，即从藏王赤松德赞起，佛教在西藏才有长足的发展。有两位印度法师对这一时期的佛教发展起了重要作用，那就是寂护法师和他的弟子莲花戒法师。在藏王赤松德赞召开的一次御前辩论中，莲花戒法师击败了属于禅宗的汉僧大乘和尚，因而使印度佛教对吐蕃王室的影响较大。莲花戒法师鉴于当时吐蕃外道法术流行甚广，乃建议迎请莲花生法师入藏。莲花生法师入藏后击败了所有外道法师，因而牢固地奠定了金刚乘佛教在西藏的弘扬。

公元八世纪末至九世纪初是前弘期佛教最灿烂的时期，从桑耶寺的建立开始,有藏人剃度出家,到九世纪初,僧侣已发展到相当大的数目。僧侣享有特权,又有人民供养,这不可避免地要损害到一些贵族的利益,于是就出现了藏王朗达玛的灭佛,时间是公元八三八年。

从灭佛起佛教在西藏中部被禁了约一个世纪。西藏流传的说法是,从灭佛时在拉萨看到最后一个穿袈裟的喇嘛,到穿袈裟的喇嘛又在拉萨出现,这中间共七十五年。从灭佛后到佛教在西藏再兴这一时期,正是印度佛教走向衰微的时期,印度佛教受到原印度教和后来的伊斯兰教双重迫害,寺院被关闭,僧人被驱逐。一些印度佛教法师逃亡西藏,在一定程度上促进了西藏佛教的再兴。

吐蕃王朝于公元八四二年崩溃,西藏分裂为许多互不统属的小侯国,这些小侯国的经济得到一定的发展。因为在吐蕃王朝时期,经常向贵族征兵征粮,进行大规模的战争,贵族与平民均疲于奔命,王朝崩溃后无吐蕃王朝的征发,各小侯国获得休养生息的机会,生产发展起来,为佛教的再兴创造了物质条件。

西藏灭佛只影响了中部地区,在较边远的地区佛教仍然照常进行。十世纪中叶,吐蕃王室后裔在阿里建立起古格王朝,并在此发展佛教,由于灭佛期间,佛教经典被大量摧毁,这时感到经书不足。公元九七〇年古格国王意希奥派仁青桑波到邻近的迦湿弥罗去取经,当时迦湿弥罗已受到阿拉伯势力的入侵,佛教僧人均愿到西藏来弘法,因此仁青桑波不仅取回大量经典,而且还迎回一批高僧到西藏来弘法。王室出巨资建托林寺以养众僧作译经工作,仁青桑波成为大译师,对佛教在西藏的再兴厥功甚伟。

西藏佛教的后弘期,一般认为是从阿底峡尊者入藏开始的。因为阿底峡尊者把印度古老的佛教传说完整地引进到西藏来,那烂陀寺、鹿野苑的僧伽制度开始在西藏实行。阿底峡尊者是公元一〇四〇年受古格国王迎请来到西藏的,从这时开始算是后弘期。还有另一种说法,后弘期是从公元一〇二七年开始的。这一年时轮金刚法传到西藏，而且从这一年起西藏开始了六十年一循环的纪年法，藏语称为"饶迥"，起始的这一年是火兔年，传到今年正好是第十六"饶迥"的最后一年。这种纪年法和农历的甲子纪年法是相似的，年份也是相同的，仅仅是日或月有差别而已。

在前弘期西藏的佛教没有产生教派，佛教传承以莲花生所创金刚乘为主。后弘期开始后情况就变了，这主要因为这时西藏没有一个统一的王朝，各侯国自行发展佛教，各自派人到印度去取经和投师，这样就出现了不同的传承，形成各自的教派。尊奉前弘期旧传承的称为"宁玛派"，意为旧派，今日俗称红教。公元十一世纪中，玛尔巴创建了噶举派，意为口传派，这个派后来分成四大派八小派，有"四大八小"之称，这一派俗称白教。在同一时期，后藏萨迦地区的一位贵族创建了萨迦派，这一派到后来在蒙元势力的支持下成为西藏的统治教派，这派俗称花教。

阿底峡尊者的教法为仲敦巴所继承，他创建了热振寺，并创建了噶当派，这一派即格鲁派（俗称黄教）的前身。这一派重视僧侣的戒律修持，学法要遵循一定的次第，这些为后来黄教寺院的发展奠定了基础。

后弘期的西藏佛教吸收了所有印度佛教传承，十一世纪以后印度的佛教，除几处古迹而外，几已不存，但佛法并未遗失，而是由西藏保存和发展了。因此后弘期的西藏佛教可以说是集佛教之大成，显密毕备，传承各异，经典文献多不胜数。此时之西藏为世界佛法中心是当之无愧的。世人之欲求法者也只能舍印度而趋西藏。邢君之遗入西藏访求密法概也知舍此而无他也。

佛教在西藏的发展使西藏的社会结构发生了变化。在吐蕃王朝时期，西藏的上层统治者为贵族，但是在后弘期，僧侣逐渐代替贵族成为社会的统治力量，这就为政教合一政权的出现准备好了条件。当蒙古人在征服西藏过程中，发现萨迦教派是西藏最有势力的集团时，他们建立的元朝就假手于这个教派来统治西藏。

十三世纪中叶，西藏出现了第一个政教合一的政权，萨迦派的法王八思巴受封为元帝师，给予他统治西藏十三万户的权力，这就是萨迦王朝。这个王朝统治西藏不到一个世纪，就为噶举派中的帕竹派所推翻，从公元一三四九年起，西藏就为帕竹王朝所统治，这时中原已进入明代。明朝中央仍然以封王赏赐来维系对西藏的统治。八十多年后帕竹王朝又为家臣仁蚌巴所推翻。仁蚌巴统治了一百三十年，又为他的属下辛霞巴所篡夺，辛霞巴所建的政权历史上称为藏巴汗，因为统治地是在后藏的日喀则。

宗喀巴于公元一四〇九年建成了甘丹寺，同时也创立了格鲁教派。这个教派的建立是对各旧的教派的改革。鉴于旧的教派纪律松弛、僧俗混杂、炫耀法术、追求财富，完全丧失了佛教徒应有的严肃生活，宗喀巴所建的这个教派要求僧人必须独身，长住寺院，按一定的次序学习五部大经，学习的方法最重要的是辩论，每个黄教寺院都设有辩场，藏语称为"曲拉"。参加者分立宗者与辩论者，立宗者提出命题解释，辩论者向之进行反复辩驳，如立宗者被驳倒即须认输，这是一种逻辑推理的训练，对学经者来说是十分重要的。学完五部经典可以考不同等级的格西学位，有人比之于大学的博士。获得格西学位者就有资格任寺院的住持，成就大者则圆寂以后可以找寻转世而成为活佛。西藏的达赖喇嘛、班禅喇嘛以及许多的其他转世喇嘛都是这种黄教寺院制度的产物。

黄教创立后受到西藏人民的欢迎，其势力日渐扩大，到三世达赖喇嘛索南嘉措时更把黄教传入蒙古，一五七八年索南嘉措应蒙古俺答汗邀请到青海传法，俺答汗赠索南嘉措"圣识一切瓦齐尔达喇达赖喇嘛"尊号，此为有"达赖喇嘛"名号之始。索南嘉措后来到内蒙古弘法，圆寂于内蒙古。而四世达赖喇嘛云丹嘉措竟转世于俺答汗家中，这实际上是黄教与蒙古部落结成了联盟。当时西藏政权仍然在噶举派的藏巴汗手中，对黄教百般限制，最后黄教只能依靠蒙古的力量击败藏巴汗夺取政权，这已是一六四二年，五世达赖喇嘛时代。黄教从一六四二年开始统治西藏，到一九五九年十四世达赖喇嘛叛逃，共统治西藏三百一十七年，在历届政教合一的政权中，它的统治算是最长的了。

一九五九年以来，西藏的法师们被迎请到世界各国去传法，佛教信徒成倍地增加，在许多工业发达的国家都建立了藏传佛教寺院，西藏的佛教已不再局限在一个区域。英国历史学家汤因比对此曾发出"绝不可低估西藏佛教在世界传播的影响，它将比基督教的传播更能影响世界"的预言。藏传佛教是否能达到如此的境界尚需拭目以待，但它的影响的增长却是不争的事实。

邢君的书稿引起我许多感触，它把我带回了半个世纪以前的西藏。读完这本书看今天的情形，恍如隔世。四十多年前我在拉萨见到达赖喇嘛时，他高高地坐在宝座上，僧俗官员各按品级就座，布达拉宫殿堂中鸦雀无声，一片庄严肃穆景象。但我在美国洛杉矶的世纪饭店再次见到他时，他却出门相迎、握手问候，进入客厅后他又请我上座，他却以旁座相陪。当时我深深感觉世界变了。佛教有个中心教义就是"诸行无常""诸法无我"。"诸行无常"就是变化，世间的一切时时都在变化。"诸法无我"即是佛的本质，人若能做到"无我"，即距世界大同不远矣。仅以此作本序的结束。

一九八七年四月于洛杉矶

编者按：此文据原文略有删减。

李有义先生的著作，2003年出版

# 《康藏密教访求纪行》读后

柳升祺

我第一次见到邢肃芝君是在一九四四年的拉萨，当时我任国民政府蒙藏委员会驻藏办事处的英文秘书，因为初到西藏，人地生疏，我们只匆匆见了一面，再未接触，印象不深。但我记得当时邢君已在哲蚌寺学经多年后告一段落，正准备返回内地。还记得就在那年，他去过一趟山南的杂日名山。当时正值抗日战争期间，滇缅公路被日军切断，一部分在缅甸经商的云南商人退入西藏，加上原来在拉萨的内地人此时人数已经不少，但据我所知去过杂日山的人似乎不多，邢君可能是最早去朝山的人，这一点不知我记对了没有。

杂日山在雅鲁藏布江南，接近喜马拉雅山的主干脉，处于中印边界东段的我国珞瑜北境，是当时英印政府中一些边境官员极感兴趣的地方。根据西藏的一个古老传说，公元七世纪从克什米尔来西藏弘扬密法的莲花生祖师（藏称乌金仁波切）曾经到过那里，并留有遗迹，因而成为西藏地方普遍崇敬的佛教神山之一。在每隔十二年的猴年，就有男女信徒结队去那里朝拜，绕山一周被认为有莫大的功德。按照多年的惯例，西藏地方政府还特派官兵保护，以策安全。原因是这里已是珞巴族居住的地方，在当时严重的地方封闭主义影响下，如不妥当安排，极易引起纠纷。此外，又因为那里的交通不便，食宿困难，所以每次朝山的信徒除藏族以外，内地人极少见。一九四四年正是藏历的阳木猴年，邢君能不惮艰苦，去那里一面朝礼神山，一面进行实地考察，这种精神是颇为难得的。

我第二次见到邢君是在一九四六年，他来拉萨担任国立拉萨小学的校长。从此我们同在拉萨，直到一九四九年。

拉萨小学设在蒙藏委员会驻藏办事处的二楼。因为经费不足及其他原因，只是略具规模，几年来一直没有发展。这当然同当时西藏地方与国民政府之间极不正常的政治环境有关。

据我知道，当时的民族学前辈李安宅先生一度有意来西藏接办拉萨小学，大家认为他是一个比较理想的人选。但不知什么阻力，使他的事一直迟迟不决，没有能够实现。又在我们到拉萨之前不久，英国人通过他们在拉萨一部分藏族上层人士中的政治影响，在拉萨开办过一个学校，校址是在吉曲（俗称拉萨河）河边的一个林卡内，由一个英国人主持，名义上是教授英文，也不知他给学生教了些什么。这个学校开办不到半年，就因以拉萨三大寺为首的僧俗势力的联合反对而悄然停办了。我曾见到过这个英国人，他对我们这些新来的驻藏办事处人员面带愠色，极其不满。我也背后听说，当时的驻藏办事处处长沈宗濂曾在这方面起了一定的作用，详情不知。时隔不久，邢肃芝来接办拉萨小学，是否会遇到一些困难呢？这是我当时的猜测。

但是邢君到任后，拉萨小学呈现一种新气象。无论从加强师资、充实课程以及学生人数的增加等各方面来看，成绩都是比较显著的。

原来拉萨小学的学生，主要是在西藏落籍的汉民和回民子弟，还有几名尼泊尔籍的学生附读，藏族子弟一般不来。至于贵族，以当时西藏社会的森严等级，要贵族子弟同平民子弟坐到一起上学，是违反他们的传统的。然而那年就有几家贵族把子女送到拉萨小学入学，虽然小学为他们设置了特别班，但毕竟没有引起反对意见，这也是很不容易的。固然这要同当时拉萨多变的政治气候联系起来看，但邢君旅藏多年，熟悉西藏政教制度的内情和社会风习，办事不致过分隔阂，亦是起到了一定作用的。

一九四九年，我们先后离开拉萨，在印度加尔各答还见过几次。不久邢君去香港，我回祖国内地，一别近三十八年，未通音信，只是辗转听闻，他后来去了美国。直到他去年回国访问，我们才在北京见面，这是我们第三次会面了。

这次邢君来访，我有幸读到他的手稿《康藏密教访求纪行》（编者按：《康藏密教访求纪行》即《雪域求法记》的前身），使我了解到认识他以前的许多情况。从他的家庭环境和他所受的佛教教育，到他决心进康藏访求密教的这段因缘，以及终于到达拉萨的经过，旁及沿途景物、地方掌故、时事见闻等，书内都有较为详细的记录。尤其是他从康定、甘孜，经昌都、工布江达以至拉萨一路的艰难困顿，不仅使人看到这高寒地带，山川险恶，旅途除了驴马、皮船就靠步行的自然条件的困难之外，还夹杂着当时因为西藏地方与内地微妙的政治关系而设置的种种人为障碍，这些都略具梗概。这对生活在今天祖国已真正统一，现代化交通工具飞机、汽车、轮船几乎到处可以直来直往的年青一代来说，都是无法再经历和体验的，因而是很值得一读的。

对于我个人而言，邢君此书把我带到四十年前的一段生活回忆中去，其中有些人物和事件，我都略有了解，这是我个人欣赏的一点。其次，我认为他所以把书稿带回中国来出版，是否多少带有"寻根"的意思，这亦是我个人欣赏的一点，但不知我猜对了没有。

一九八八年三月廿五日于北京

柳升祺先生的著作，2008年出版

# 回忆邢先生在西藏的岁月

陈乃文

我认识邢肃芝先生是在西藏拉萨。一九四四年春，我年仅十一岁，随父母赴西藏，父亲陈锡璋随沈宗濂处长驻藏，任国民政府蒙藏委员会驻藏办事处的主任秘书，半年后沈宗濂离藏回京，父亲升任副处长、代理处长。

邢先生原是位汉僧，法名碧松法师，祖籍江苏高邮。一九三八年由四川中国佛学会推荐，为国民政府赴藏交流学者，在拉萨近郊的哲蚌寺学经，藏名洛桑珍珠。一九四五年邢先生回到重庆，蒋委员长亲自接见了他，聘请他担任国立拉萨小学校长兼蒙藏委员会专门委员，并在驻藏办事处服务。

沈宗濂处长原是蒋委员长侍从室的官员，当时派去西藏有其特殊任务。即说服西藏噶厦政府，支持修筑康藏公路，以代替被日寇切断的滇缅公路运送抗日物资。所以在离开重庆飞印度加尔各答，再转道锡金赴拉萨之前，蒋介石曾召见沈宗濂和陈锡璋，嘱咐他们在不过于刺激英国驻西藏代表前提下，搞好与西藏上层的关系，尽力早日促成康藏公路的修筑。为此沈宗濂处长带去不少钱财与礼物，到藏后三日一小宴、五日一大宴请西藏僧俗官员，试图团结、说服他们支持中央政府，以对抗英、印势力对西藏上层的拉拢和蛊惑。当时英、印势力一直妄图鼓动西藏独立，挑拨达赖喇嘛，破坏汉藏关系和边境的稳定。沈宗濂的统战与邢先生振兴国立拉萨小学，均为提高国民中央政府在西藏的威信和地位，起着相互配合、相互促进的效应。

当时赴西藏拉萨驻藏办事处的工作人员及其家属有：沈宗濂处长及带枪护卫陈长生两人；陈锡璋主任秘书携妻女三人；英文秘书柳升祺一人；李有义科长及妻子（已怀孕，后难产死于西藏）两人；葛诚之医生及妻子（准备在拉萨成立医疗所）两人；李茂郁专员（因水土不宜，于一九四四年十一月内返）一人；刘桂楠专员（前处长孔庆宗任内留守人员，一九四六年初随沈宗濂内返）一人；李唐宴专员（美国耶鲁大学毕业，由中央信托局派往西藏拉萨考察，准备设立中央银行或信托所，因不能开展业务，一九四五年夏内返）一人；刘毓珙专员一人；廖鲁芗专员一人。以上共计十五人，加上留守的藏文秘书李国霖和后去的旅印华侨余敬德土木工程师及其尼泊尔妻子，共计十八人，而实际长期留藏工作者及其家属仅十二人。再加上在藏工作的拉萨小学校长邢肃芝及教师约十二人、拉萨测候所两人、无线电台台长及技工两人，总共二十八人。这二十八人承担了当时国民政府委派在西藏的全部工作和使命，实在是人单力薄。

清朝时期，出使西藏官员还有驻军可依靠，而我父亲及邢校长他们，除西藏环境艰苦不算，孤军面对噶厦上层的反汉分裂势力，深感孤单无援，甚至还冒有生命危险。就如邢先生回忆一九四七年发生的"热振事件"中，亲汉的热振活佛因反对噶厦亲英派分裂阴谋，遭到他们残忍迫害，骚乱中汉人牟家顺无故死于藏兵刺刀下，当时情景触目惊心。

那时英国控制着印度通往西藏拉萨的道路，我随父母入藏是从印度加尔各答乘火车到西里古里，这是喜马拉雅山山脚下火车的终点站。由此经五小时的汽车，爬上喜马拉雅山上的噶伦堡或大吉岭。再向前经过锡金首都岗拖，此后进入西藏境内。再骑马二十一天，每天我们只能骑半天的马，下半天休息，这样才赶到拉萨。

邢先生最初进藏求学，是从四川进藏，虽有三条路可达拉萨，但都不安全。沿途艰难险阻，土匪横行，不仅财物不保，且有生命危险。邢先生作为僧人进藏求法名正言顺，并一路遇贵人帮助，与戴季陶专使致祭九世班禅大师队伍相随，故较为顺利。但风餐露宿、饥寒交迫，自然是不可避免。如此艰苦的路程走了数月，加上他在德格宗萨寺学经十个月，故第二年才行抵拉萨。

一九四六年邢先生接管拉萨小学后，从多方面进行整顿改革，将原先回族老师管理的私塾式的学校改建成正规小学。先是修理校舍，改善了环境。接着聘选品学兼优的教员，请了一些有名的学者、知识分子充实学校的师资。并完善学校各项规章制度，使学生不再随意缺席或旷课。实行奖惩制度，培养学生良好学风，增添不少教学设备，丰富学生活动，等等。还每周放映电影，开展科学教育。经常联络家长，向他们传播国民中央政府开展边疆教育之意义。并在各种适合的场合，宣传教育的重要性，强调知识的宽广用途和对青年人前途的意义，因而吸引了不少前清川军后裔、河坝林回民子弟以及藏族青年和贵族子弟来上学。拉萨小学学生从原来的数十名增加到三百余名，有来自藏族、汉族、尼泊尔族、拉达克族四族子弟，设有藏语、汉语、维吾尔语、英语四种语言教学，还有一贵族子弟班。学校每周一例行纪念周仪式，邢校长总结一周学习并训导讲话，我记得他的讲话多强调知识、纪律、精神方面的重要。学生每月有月考，学校会奖励各班成绩优秀的学生。故拉萨小学办得非常红火，声名远播，深得当地人民的欢迎与支持，致使英国人所办的小学从此销声匿迹。

驻藏办事处的人员也以学校为基地，宣传抗日的重要意义，向藏民宣传如若中国像印度一样沦为外国的殖民地，其悲惨状况将不堪设想，等等。这些宣传起到很好作用，当时西藏民心大部分是倾向国民中央政府的。

邢先生在拉萨哲蚌寺学习多年，并考上格西学位，他与西藏各寺院僧人都很融洽相熟。每年国民中央政府都要在藏历年底传大小召时，向三大寺及大小召各派僧人发放布施。如每位喇嘛可分到一个银大洋，堪布、活佛可分到三至五个甚至七个银元，这在当时是笔不小的收入。每次邢先生总积极帮助办事处发放布施，这自然与他僧人的身份有关，也确实增强了国民中央政府在西藏宗教界的影响。

一九四八年邢先生从家乡娶了一位年轻有志于边疆教育事业的女子为妻，并将她带到拉萨生活，大家都为他们的美满婚姻高兴和祝贺。邢先生在西藏生活了十余年，既是位文化使者，又是位受国民政府委派的驻藏官员，他为增进汉藏关系、文化交流，改善中央与西藏地方的关系做了很多工作及贡献。他结交西藏各阶层的僧俗朋友包括贵族权贵，为的是增进感情、化解误会，宣传中央政府的政策，所以在当地他是位很活跃的知名人物。

一九四九年噶厦政府的亲英实权派在英人的煽动、蛊惑下，借口内地已被解放，如国民政府的工作人员留在西藏，共产党就会入藏，对西藏不利等缘由，发动了震惊世界的"驱汉事件"。七月八日，噶厦政府突然把我父亲叫去，噶伦面告他，要求中央政府驻藏官员，包括驻藏办事处、小学、电台及其他工作人员在两周内全部撤离西藏，措辞、态度非常强硬。父亲回答说须呈报中央政府，噶伦说拉萨的电台已被他们查封，你们不能与政府联系了。并迅速派了四名武装藏兵监守在我家门口，其他所有驻藏人员的家门口也都派兵监视，可见这场阴谋早已蓄谋已久。因与内地一切联系被切断，行动又受限制，驻藏办事处商量后决定撤离。邢校长配合父亲担当了与噶厦谈判的任务，与噶厦据理力争，后来噶厦答应为撤退人员提供骡马、保障所有人的安全，并派兵护送至边境。七月二十日最后一批撤离人员有父亲、邢校长夫妇、刘毓琪、李国霖、席台长夫妇、释密慧、赵季灏夫妇及学校和电台等勤务人员共三十八人,数日后他们撤离到印度噶伦堡。这一起由外国侵略势力挑动引起的"驱汉事件",致汉藏关系倒退,使那些阴谋分裂中国的反动势力得益。

数月后因香港佛教徒邀请赴港弘法,邢先生离开了噶伦堡,后又移民美国。

分离了几十年,自一九八六年后,邢先生从美国常与我有书信往来。他十分想念西藏,关心祖国。后来他回国数次,应邀参加过北京国际藏学研讨会。每次与我这位故友相聚,回忆起半个多世纪前的西藏往事,记忆犹新,历历在目,他的心中依然充满了对圣地无限的向往、期盼和幸福感!

深切纪念为汉藏文化交流做出贡献的邢肃芝先生!

深切纪念为援藏守边做出贡献的驻藏办事处的先驱者们!

二〇一四年十月十日写于北京

# 忆邢老

张健飞

我与邢肃芝居士初次相遇于一九九六年夏季，记得是在一个佛教活动的场合。友人向我介绍，这位长老是位修行有成的大德，精通汉藏佛教，早年曾入西藏学习藏传佛教密法，并获得"格西"（藏传佛教博士）学位。当下肃然起敬，上前向邢老恭敬问候，并征询日后是否有机会专门拜访，领受教诲。邢老慈悲，欣然应允，一段毕生难遇的殊胜因缘便从此开始。

以后不久，邢老应几位亲近弟子的请求开始讲经说法，我有幸成为闻法者之一。讲经地点在邢老家中的饭厅，所讲的第一部经典为宗喀巴大师的《菩提道次第略论》。这部经典邢老于二十世纪五十年代在香港首次开讲，碍于当时无中文法本，邢老于是将藏文法本逐章翻译，边译边讲，待讲经圆满时这部经典的中文译本亦告完成。讲经每周一次，邢老用了半年多的时间将整部经典讲完。

随后邢老讲授了《恒河大手印直讲》。这是一部藏传佛教噶举派著名的经典，由贡噶活佛传入汉地，一九三六年在重庆首次向汉族弟子讲授。据邢老回忆，当时闻法者二十余人，邢老担任法会记录。法会上贡噶活佛显现神通，身体腾空而起，跏趺坐于离法座两尺高的空中。法

贡师传授

恒河大手印直讲

贡噶上师恒河大手印直讲

大手印之名，显教虽亦有之，然真正堪称大手印者，别依萨迦大德，贡迦东时，持行之，非经密宗灌顶所授之大手印，不能称为大手印。甘波巴大师为虑学者等引摄授弟子，故说有三种：

㈠手具普通根性者，令由善摄道次第、断次第，入大手印，此谓由中论等而断，次者谓之实住大手印。

㈡依具较胜上根性者，令依察谈，得密灌顶，传习气脉明点六瑜伽等道，以引达取证手本觉智契合於大手印。此二者而非上。

㈢最上之大手印，别无乘顶手灌顶等修，但当恭敬礼拜，事事视近我真上师，威仪载取上师微妙身相，印能立得证悟。如此由诊无上奉敬顺信之力，依止师之师交，不假外物言诠，而能究竟了悟，证取之大手印，方是大手印之最胜义心传递。然上师观察弟子根机成欲，一喝指间令其通达法乘，然非通达，印是真之大手印。如口诀云，不修不整不散乱，首印真正大手印者，此到不必如中论等宗，依多门观察，而非得之，盖真正大手印非印察，故微多门观察之中论等道，原非上正大手印。

须知上师者至具足无上加持力，假之候修禁等，五印谨得真实佛果，真密印是真正大手印。彼多方栽察者为大班智达派之方法，无传而修者为古萨里派之方法。

贡噶上师《恒河大手印直讲》译文手稿（邢肃芝收藏）

会后，邢老依贡噶活佛的嘱托，将藏文法本及贡噶活佛的开示翻译成中文，在重庆出版。那一年，邢老二十一岁，刚刚完成了在汉藏教理院的学业，正在准备赴西藏求法。

讲经传法之余，邢老向我们回忆起当年如何进入西藏，在西藏十余年中的寺庙生活以及后来在拉萨办学的种种经历。二〇〇一年人民大学历史系教授杨念群博士来到美国，在加州大学洛杉矶分校进行一项由哈佛燕京学社赞助的专题研究。那时念群住在加大研究生宿舍，逢周末就跑来我家，做几味中式小菜打打牙祭，边吃边侃。一次偶然谈起口述史，念群感叹国内近年虽然陆续出版了一些口述史，但缺乏佳作。我突然想到邢老，同念群讲起我所听闻的邢老一生的传奇经历。念群立刻动了念头，提出既然如此传奇的人物近在眼前，我们为何不把握机会为这位老人家做一部口述史？

邢老同意了我们的请求。我们开始了初步的采访及口述录音。此时邢老已年过八旬，但思维敏捷，记忆力惊人，讲述半个多世纪前的一件

2001年邢老（中）与张健飞（右）、杨念群（左）合影

件往事,其来龙去脉、人物、地点、时间、场景,清晰而生动。更为难得的是他向我们所展示的自己在一九三七至一九四九年间于入藏途中及西藏各地拍摄的一百五十多张照片、旅行途中的游记手稿、西藏噶厦政府的文件,以及旧西藏的银票和马牌,等等。触摸着这些年代久远、颜色泛黄的照片与文件,我们似乎随着邢老走入半个多世纪前那风云变幻、波澜壮阔的历史时空。我与念群立刻意识到我们是何等地幸运,这是一位可遇不可求的传奇人物,一位制作口述史的最佳对象。我们为此欣喜若狂。

此后的三年,我们对邢老进行了二十多次采访,以邢老的口述为主,结合他所保存的笔记文献与游记等撰录成书,名为《雪域求法记——一个汉人喇嘛的口述史》。此书于二〇〇三年由生活·读书·新知三联书店出版,成为当年的畅销书之一。在书的封底有这样一段文字概括全书:

在山清水秀的江南,他叫邢肃芝;
在太虚大师身边,他叫碧松法师;
在荒寒的雪域寺院,他叫洛桑珍珠;
他是第一个获得西藏三大寺拉然巴格西的汉人;
他是蒋介石亲自任命的国立拉萨小学校长;
他的人生横跨汉藏两地,他的身份涵盖僧俗两界;
当年的游记、日记、藏品和照片与他一起走过了二十世纪。
世纪末的口述自传记录了他见证的历史,
——宗教、民俗、政治、社会、文化……
一个大时代的风云变幻与一个人的传奇故事。

《雪域求法记》一书出版后,引起了大陆及港台地区史学界和佛教界人士的兴趣和关注。不少报刊及网站陆续刊登了读者评论,谷歌搜寻器显示关于此书的评论有数百条。有位湖北的读者致信邢老,告知自己是民国时期来汉地传法的诺那活佛的第三代弟子,读《雪域求法记》一书得知邢老曾得到祖师诺那活佛的灌顶传法,是唯一一位在世的诺那活佛亲传子弟,无比欣慰,希望能有机会来洛杉矶向邢老请教佛法。一位英国的近代史学者专程从伦敦来到洛杉矶拜访邢老,请教有关二十世纪三四十年代英国在国民政府与西藏噶厦政府的关系中所扮演的角色。一时间,不少与邢老阔别半个多世纪的故人旧友因此书的出版与邢老再续前缘。他们当中有邢老在西藏时所交往的贵族后代;与他同在西藏三大寺学佛的"汉人喇嘛",如今已年过百岁的高僧;以及在西藏曾与邢老结缘的喇嘛法王等。二〇〇六年邢老与定居美国西雅图的藏传佛教萨迦派达钦法王在洛杉矶相聚。一九四四年邢老赴后藏萨迦考察时,获达钦法王的父亲,上一世的萨迦崔津法王接见,时年仅十五岁的达钦法王向邢老赠送了一尊长寿佛像。邢老向达钦法王出示了六十年前拜访萨迦寺的照片,并奉上供养,法王则以特制的上等哈达回赠。两人回忆起半个

2006年萨迦达钦法王(中)与邢老合影于洛杉矶,站立者为张健飞

世纪前在西藏的结缘及种种往事，不胜唏嘘。达钦法王应邢老的请求传授了无上瑜伽部密法的修持心要及口诀。

邢老不仅是一位毕生修行不辍的大德，也是一位极具冒险精神的探险家。他的足迹所到之处，在那个年代大多是边陲荒漠无人涉足之地，如藏南杂日山莲花生大师的道场等，其中经历的种种艰难险阻后人难以想象。难能可贵的是，邢老在每一次的探险旅程中将所见所闻详细记录，并拍摄了许多照片，这些笔记与照片为后人研究当地的历史、地理、民俗风貌留下了珍贵的资料。本书中的两篇游记为邢老亲笔所写，分别记录了一九四五年他跟随商队从西藏走滇藏路线返回内地的旅程，以及一九四八年他担任国立拉萨小学校长时赴尼泊尔考察的经历，内容生动完整，为难得的历史文献。

邢老的一生充满传奇，足迹横跨汉藏两地，身份涵盖僧俗二界。但不论是出家还是入世，他始终是一位信仰坚定的佛弟子，毕生保持着佛教徒的品行与尊严，精进修行，从无懈怠。他曾拜师一百多位，包括中国近代汉藏两地的高僧大德。我曾问邢老：在这许多上师中，您最为亲近的是哪一位？邢老回答：他们都是了不起的上师，具足慈悲智慧的大德。我每天修法时，必先恭敬祈请所有上师的加持。说到最为亲近，也令我最为感念的上师当属太虚大师。如果没有太虚大师的鼓励与支持，便不会有我入西藏求法，以及后来接受蒋介石的任命入世为官、赴西藏办教育那段经历。

在《雪域求法记》一书中有《太虚大师》一章，记录了邢老在太虚大师身边的经历。记得在那一次的采访即将结束时，邢老讲到一件小事，令我难以忘怀。邢老告诉我，他听人说太虚大师会看相，一日请大师为他看看。太虚大师只说了两个字"够了"，意思是福报够了，不需要看了。回忆到此，邢老突然停了下来，双掌合十，遥望虚空，似乎在观想中又回到了太虚大师身边。

太虚大师法像

1938年,太虚大师将这张自己最喜欢的照片寄给当时在西康德格学法的邢老留念

太虚大师不愧为百年难遇的大德,远见先知,证境高深。"够了"这两个字准确地预示了邢老的一生,它的意思是邢老此生具备了能够成就世出世法的福报,不多不少。这两个字是对邢老生平最精辟的总结。太虚大师所讲的福报不同于俗世中人普遍追求的福报——财富、仕途、平安、长寿等等。它指的是一个修行人必须具备的两种福报——福德与智慧,也叫作福慧二资粮。佛教认为,对于修行人这两种资粮缺一不可。缺乏福德资粮的人生活坎坷艰辛,困难障碍重重,令人无法潜心修行;而缺乏智慧资粮的人往往心智平常、悟性有限,难以领悟佛法的精髓、证得法性真如。邢老一生,福德与智慧资粮具足,稀有难得,佛教相信这是宿世修行所积累的善果。纵观邢老的一生经历,不论是在入藏求法途中,还是在西藏期间的探险考察,或是在以后担任官职从事教育事业,每当遇到艰难险阻之时,必有"贵人"出现。这些"贵人"包括太虚大师、蒋介石、戴季陶、英国驻华领事、西藏摄政王达隆扎活佛、索康噶伦与阿沛·阿旺晋美等,他们分别出现在邢老一生中的各个关键

时刻,出手相助,要么为邢老去除障碍化险为夷,要么助邢老临门一脚促成功业,时机总是如此地巧合,功效又是那样地神奇,不多不少,正是邢老所需,"够了"。

十几年前一位台湾居士向邢老供养了一部大藏经,一百多册的经书需要两个大书柜才能装得下。一日邢老出门去购买书柜,走出家门便看到对面邻居家的门口正巧放着一对书柜。邢老上前询问,邻居告知家中正更换家具,准备将两个现有书柜按四十元一个的价格处理。得知邢老有意购买,邻居当下将价格对折,四十元一对售予了邢老。书柜搬入邢老的佛堂,一部大藏经放入其中刚好装满。这一对书柜仿佛从天而降,时间不早不晚,尺寸不大不小,正好"够了"。

邢老弱冠出家,自幼聪慧。十三岁入镇江玉山佛学院,十八岁入汉藏教理院,二十岁时已翻译出《恒河大手印》及《廿一尊度母礼赞经》等藏传佛教法本;在西藏以六年的时间完成五部大论的学习,考取了格西学位。若不具备深厚的善根,或曰智慧资粮,绝无可能获得这样的成就。智慧福报也同样显示在邢老于世间法上的功业:二十九岁时被蒋介

2004年邢老88岁高寿,弟子供养蛋糕为其庆生

石任命为国立拉萨小学校长及蒙藏委员会委员，秉承太虚大师人间佛教的理念，承担起为藏族同胞提供教育、促进汉藏民族融合、抵御分裂势力的大任。邢老一生，福慧双修，将佛法利益众生的精神融入世间法的功用，世出世法圆融无碍。人能至此，夫复何憾！

　　与邢老交往的十余年是我一生中最为殊胜的经历。邢老于我，亦师亦友。对于邢老的圆寂，我并不感到悲伤，他已证得成就，了却此生尘缘，往生净土。两年前邢老送给我一颗佛舍利。舍利来源于尼泊尔。一九四八年邢老赴尼泊尔考察时途经一座古寺，传说是迦叶佛灭度之处，寺院的法师向邢老赠送了一包佛舍利（见《尼泊尔游记，一九四八年》中"四访游尼泊尔"下"9.寺院和神庙"）。邢老将大部分舍利陆续赠送给有缘弟子，自己仅留下两颗。这两颗舍利以后不断长大，并衍生出小舍利。赠送给我的便是小舍利中的一颗，白色，直径不到一毫米，形状如一粒小米。我将舍利放入一座小型镀金舍利塔内，供奉在家中的佛台上。几个月后的一天，我将舍利塔打开，见到

邢老所赠送的舍利

舍利已开始长大，色泽越发光亮，于是喜出望外，兴冲冲地赶去向邢老报告。邢老笑着对我说："看来你是有修行的。修行的功德能滋养舍利。它会继续长大，将来还会生出小舍利。"如今这颗舍利已经长大了一倍多，形状椭圆，似一粒大米，光泽圆润晶莹剔透。每次望着它，一阵宁静祥和的殊胜感受油然升起，刹那间邢老仿佛又出现在眼前，面容慈祥，以无声的语言将他的慈悲与智慧注入我的心中。

二〇一五年清明写于洛杉矶

# 我心中永远的恩师

天梅

金秋十月的上海，秋高气爽，静安寺沐浴在阳光中雄伟庄严。在寺庙的正门口，我和张师母互相认出了彼此，来了一个迟到了五年的拥抱。虽然第一次见面，却神交已久，一点也不陌生，时空阻隔不了累生累世的因缘。

我们坐在一个安静的茶馆里面，开始了盼望已久的交谈……

有很多的因缘我无法用言语来表述。二〇〇八年的冬天，我一如往常去了家门口的书店看书，一眼就看到了《雪域求法记——一个汉人喇嘛的口述史》这本书。除了内容深深吸引了我，还有很多珍贵的照片令我目光无法离开，尤其书中所写的"张莲菩提"与我们汉传诺那法门有着很深的因缘。当即买了几本，随后通过北京的师兄找到了该书的笔述者之一杨念群教授，再通过他联系到了书中的主人公：恩师邢老，便有了这后面与邢老及张师母殊胜的缘起。

我永远记得五年前的一个上午，我拨通了邢老家的电话，虽然远隔重洋，但是邢老那一声"天梅"慈悲呼唤至今仍如雷贯耳。这是我与邢老的唯一一次语音交流，也是格西用声音直接加持我的一次殊胜经验。后来邢老和师母与我数次的电子邮件往返，我也获得了如数的加持。通过书信，我也寄了一张全家福到美国，依旧幸运地得到邢老慈悲的加持。二〇〇九年底，邢老还亲自写了长达三页信函给黎平老师及诺那派众弟子（附后），并且附上了贺庐山诺那塔开光偈语。二〇一一年诺那派汉传弟子天如师兄蒙邢老亲自灌顶，传授藏传绿度母殊胜大法，邢老悉心传授观修此法的要点，包括如何持咒、观咒轮、旋转、放光、契入等，还破例将传法录音完整交给天如师兄带回，邢老救度众生的慈悲之心让我们深受感动！

藏文版类乌齐第七世《杰钟迥乃文集》六函，于二〇〇二年经类乌齐寺众人抢救，终得重见天日。此法本弥足珍贵，因此我们殷切祈请邢老翻译第二函前三十六页之法本。邢老慈悲，欣然应允。那时他刚做完手术，带病坚持工作，于二〇一二年初圆满完成翻译工作。邢老既是藏语文的专家，又是藏传佛教的实修者和学者，翻译的法本严谨又契合法义，在他有生之年为众生留下了最后的法宝，令我们众弟子深受加持！

二〇一二年夏天，我因天如师兄的邀请参加了台湾的义诊团，所走的就是当年诺那活佛出藏进入汉地弘法，也是邢老从汉地进藏求法的路线。感恩历代祖师和上师、护法，加持安排我们这一趟圆满寻根之旅，同时深切体悟邢老当年进藏求法之艰险，敬仰他的非凡勇气、坚定意志及他的过人智慧。如他信中所说：屡屡历险如夷！

因为上述种种的累世与现世因缘，我一直在心中计划着一定要去拜见邢老，终因福德资粮不够，未能如愿。二〇一四年三月六日，邢老舍我们而去，了结尘缘，趣入无上法界，完成他一生修行的最后愿望。那一刻，我泪流满面，心中忏悔自己福薄，无缘见邢老最后一面。邢老圆寂后，天如师兄发心修持绿度母心咒回向邢老，祈愿未来成佛路上与恩师邢老结下更深法缘。半年多来我一直在持咒并整理和邢老所有往来信件，观想恩师的音容笑貌，感觉身心温暖，又觉恩师无时不在我们身边，加持着一切众生。

回忆至此，我和师母边喝茶边交谈着，忘记了时间在流动，也忽略了身边的人来人往。师母点开笔记本分享邢老的法照、生活照。聆听师母讲述邢老弥留之际口诵真言，以及圆寂后所示种种瑞相。还有师母为邢老写的生平简介，师母念诵"格西是从上世纪二十年代藏传佛教传入内地发展、佛教大德辈出的特殊年代走过来的、目前极少存世的见证人，太遗憾，太感慨了，这真像是一个年代的交替"这一段时，几度哽咽，我们都流泪了。

邢老一生跨越两个世纪，《雪域求法记》的出版，给我们呈现了珍贵的历史史料与诸多弥足珍贵的图片，真实地将一段汉藏文化交流沉淀之历史再现，这对于汉藏文化交流、维护祖国统一、弘扬佛法及中国传统文化有利无弊。作为一个修行者，邢老已经圆满完成此生求法、弘法之使命，趣入无上法界。作为一个开发西藏教育的拓荒者，邢老对于西藏的教育和发展功在千秋，永垂青史！

近三个小时的愉快交谈倏忽即过。我再次拥抱、感恩师母，期待未来我们再见！祈请邢师早日乘愿再来，利益芸芸众生！

敬志于二○一四年十二月十三日<br>长沙

**附邢老信函：**

黎平法友慈鉴：

来函拜读，深致谢意！

当余少年在南京时，承蒙诺那金刚上师传授廿一尊救度母密法，迄今数十寒暑，屡屡历险如夷，因修持未断，故获长寿。犹忆当时法会参加者踊跃，计有韩大载、陈圆白、周仲良、吴润江、梅光羲、王云五、王允恭、王家齐等人，极藏密汉传之盛。至今我仍珍藏有《诺门普传真言集》，由吴润江序、梅光义跋及安乐妙宝范古农序，如非佛力加被，岂能流传至今乎！

忆余于一九三五年由镇江入川到汉藏教理院学习西藏语文，先从悦西格西，继由根桑活佛教授，后又拜见贡噶活佛传授噶举派密法。因求《恒河大手印》密法，乃由张莲菩提师兄提议，合译《恒河大手印》，由我翻译藏文诵文部分，张莲菩提译贡噶活佛讲解部分，此书迄今在港台各地仍普遍流传。继张莲菩提又将伊文思博士英文法本《中阴救度密法》及《灵热六种成就法》译成汉文，每译一法均嘱余与藏文法本对证，然后刊行，厥功至伟矣！

当我在重庆时，承蒙贡噶活佛传授噶举派密法多种，其中以《大圆满禅定休息清净》密法及《大圆满心中心》最为殊胜。

前往西藏求法之后，先在西康德格县宗萨寺求法十个月，承蒙萨迦大活佛蒋扬确吉罗卓仁波切传授密法一百六十七种。一九四二至一九四五年在拉萨，又获拉尊活佛传授黄教密法三百余种及多杰格西传授黄教密法一百多种，可谓法喜充满！因敬仰莲花生大师来西藏修建桑耶寺后，化身虹光飞往杂日圣山，故西藏的佛教徒每逢猴年组织朝礼杂日圣山。一九四四年甲申，我不畏艰险前往朝礼杂日山，途中历经九死一生，结果我所领队一百余人，均获平安归来，实乃佛力加被。

一九四五年，我与云南商帮结伴前往丽江，一路从拉萨出发东行，途翻梅里雪山、溜索飞渡澜沧江，经德钦（阿墩子）中甸、维西、丽江而至下关。半月后我搭乘军用飞机到渝，先拜见太虚大师，因与大师分别已八年，再次重聚，大师十分欣慰。俟由蒋委员长召见，嘱余重返西藏，兴办国立拉萨小学。我乃于抗战胜利年十月，由重庆经驼峰飞至印度加尔各答，在中国驻印总领馆休整后，骑马翻越喜马拉雅雪山而抵达拉萨，已是一九四六年新年了。继在拉萨兴办教育，直至一九四九年七月，因"驱汉事件"被迫离藏赴港。由香港信徒之请，乃弘法利生，后又因美国学界之邀而移民，迄今已五十余载矣。

现年岁已高，深居禅修，以一颗惭愧之心，每日精勤修习，默默为世界和平、人民安宁而祈福颂祷。

缅怀此生中有幸拜见如此多的金刚上师，实乃殊胜因缘矣。衷心祈愿藏传佛教这一佛法中的无上珍宝弘扬光大，饶益一切有情众生！

恭祝吉祥圆满

邢肃芝（碧松）

二〇〇九年十一月十四日于洛杉矶

### 贺庐山诺那塔第三次重修开光志庆

诺那活佛　乘愿东来　住锡汉地
十有二载　弘传红教　利益众生
不辞辛劳　亲临上海　北京南京
武汉广州　弟子众多　均获灌顶
衔命返康　宣抚国威　积劳成疾
圆寂甘孜　韩君大载　背回舍利
建塔庐山　纪念师恩　文化革命
历经浩劫　二〇〇九　三次重建
开光志庆　今特题词　顶礼赞叹

邢肃芝（碧松）

二〇〇九年十一月十四日于洛杉矶

# 编者说明

邢肃芝先生以汉僧身份于一九三八年入藏求学，翌年入拉萨哲蚌寺。一九四五年，他受国民政府委派，留藏振兴办学，担任西藏拉萨小学校长，兼蒙藏委员会专门委员，并在驻藏办事处服务。其间，除曾短暂出藏外，邢肃芝在西藏生活了十二年，直到一九四九年离开。

本书主体部分为邢肃芝遗稿，其中多篇文章于他生前曾让我协助整理。书中游记、日记等文章，均写于七十多年前，所涉地名众多，与今天西藏地区的地名有许多不符，难以一一对应。西藏于二十世纪五十年代后逐步进行了全面的行政划分，确立新的地区地名。当年邢先生在西藏跋涉所经之地，多为偏僻山野，并无精准的县、乡等行政规划，仅根据当地藏民告知，依藏音汉译。我们在整理文稿过程中，经反复斟酌，决定保留邢肃芝原文记录的地名，不作新旧地名的对比更改，以供藏学研究者参考研究。若存有错讹之处，敬请读者指正、谅解。

张志雯

二〇一九年十月